Karl Daniel, Josef Daniel

Coleopteren-Studien

1. Band

Karl Daniel, Josef Daniel

Coleopteren-Studien
1. Band

ISBN/EAN: 9783744604925

Hergestellt in Europa, USA, Kanada, Australien, Japan

Cover: Foto ©ninafisch / pixelio.de

Weitere Bücher finden Sie auf **www.hansebooks.com**

COLEOPTEREN - STUDIEN.

I.

VON

KARL UND **JOSEF DANIEL**.

AUSGEGEBEN

AM 17. MAI 1891.

MÜNCHEN.
KGL. HOF- UND UNIVERSITÄTSBUCHDRUCKEREI VON DR. C. WOLF & SOHN.

Für die zahlreichen Beweise wohlwollender Gesinnung und lebhaften Interesses an unseren Arbeiten, sowie die vielseitige Unterstützung durch wertvolle Ratschläge, Mitteilung von Litteratur und Untersuchungsmaterial, gestatten wir uns

Herrn

Ludwig Ganglbauer

Custos am k. k. naturhistorischen Hofmuseum in Wien

die vorliegende Arbeit als äusseres Zeichen unserer besonderen Verehrung und Dankbarkeit zu widmen.

Inhalt.

                                                                       Pag.

I. Revision der mit *Leptura unipunctata* F. und *fulva* Deg. verwandten Arten 1

II. Beiträge zur Kenntnis der Gattung *Nebria* Latr.
    1. Vier neue Arten aus Piemont und den Abruzzen . . 41
    2. Über *Nebria gagates* Bon. und *pedemontana* Vuillefr. 47
    3. Synonymisches 52

III. Über *Amara Schimperi* Wencker 54

IV. Drei neue *Otiorhynchus*-Arten aus den cadorischen (östlichen Trientiner-) Alpen . 56

V. Kleinere Mitteilungen . . . 60

I.

Revision der mit *Leptura unipunctata* F. und *fulva* Deg. verwandten Arten.

Die artenreiche, anscheinend wenig homogene Longicornier-Gattung *Leptura* L. Fairm. Gglbr. war sowohl in ihrer Gesammtheit, als unter Beschränkung auf einzelne Gruppen bereits mehrmals Gegenstand eingehenden Studiums bewährter Coleopterologen. Wenn auch die erzielten Resultate, wenigstens sofern sie sich auf die schwierigeren Teile des Stoffes beziehen, dem Verlangen nach Klarheit kaum gerecht zu werden vermochten, so wurde doch eine breite Basis von factischem Material vorbereitet, dessen Ausarbeitung uns in den letzten Jahren beschäftigte. Die dabei gewonnenen Thatsachen und die Ergebnisse ihrer weiteren wissenschaftlichen Verwertung finden sich im Nachfolgenden niedergelegt. Möchten diese Aufzeichnungen bald eine weitere Bereicherung und Bearbeitung von berufener Seite erfahren! Mit diesem Wunsche übergeben wir dieselben dem wohlwollenden Urteil unserer Collegen.

Das dieser Arbeit zu Grunde liegende Material verdanken wir zum weitaus überwiegenden Teil der lebhaftesten Unterstützung von Seite hervorragender Fachgenossen. An erster Stelle erwähnen wir die H.H. Custos Ganglbauer und Direktor Dr. v. Frivaldsky, durch deren Güte uns die Vergleichung der einschlägigen Sammlungsobjecte des k. k. Wiener Hofmuseums und des k. ungarischen Nationalmuseums ermöglicht wurde. Nicht minder wertvoll war uns die Benützung der berühmten Privatsammlungen der H. H. Baudi di Selve-Turin, Dr. L. v. Heyden-Bockenheim-Frankfurt, Dr. Kraatz-Berlin und Reitter-Mödling-Wien. Manch' interessante Beobachtung, manch' schätzenswerte Bereicherung unserer Kenntnisse über die geographische Verbreitung der behandelten Arten entnahmen wir den uns zur Bearbeitung überlassenen Materialien der H.H. Pic-Digoin, Argod-Crest, Vauloger du Beaupré-Bordeaux, Starck-Utsch-Dere,

v. Hopffgarten-Mühlverstedt, Korb-München, Oberndorfer-Günzburg, Koltze-Hamburg, Brenske-Potsdam, Viertl-Fünfkirchen und Apfelbeck-Sarajevo. Allen erwähnten Herren sei hiemit der herzlichste Dank ausgesprochen.

Es war ursprünglich in unserer Absicht gelegen, die Arten der Gattung *Leptura* im weitesten Sinne einer eingehenden Bearbeitung zu unterziehen. Dieses Vorhaben scheiterte an verschiedenen äusseren Umständen, jedoch nicht ohne vorher zu zwei interessanten Beobachtungen geführt zu haben, die wir hier in kurzem erwähnen wollen. Die eine derselben ist insofern von besonderem Interesse, als sie die nicht a priori einleuchtende Zusammenziehung der Gattungen *Nivellia* Muls., *Anoplodera* Muls., *Vadonia* Muls., *Leptura* L., *Judolia* Muls., *Alosterna* Muls., *Stenura* Dej. und *Strangalia* Serv. als berechtigt bezw. zulässig bestätigt. Alle Lepturen im Fairmaire-Ganglbauer'schen Sinne zeichnen sich im Gegensatz zu den verwandten Gattungen *Grammoptera* Serv., *Cortodera* Muls., *Pidonia* Muls. etc. dadurch aus, dass bei denselben nur das dritte, seltener auch das zweite Glied der Hintertarsen mit einer Sohlenbürste bekleidet ist, während das erste und meist auch das zweite Glied auf der Unterseite nur die halbabstehende, steife Grundbehaarung trägt. Bei allen übrigen erwähnten Gattungen sind die Sohlen der Hintertarsen, wie stets jene der Mittel- und Vordertarsen, das Klaueuglied ausgenommen, vollständig bebürstet. Die correcte practische Anwendung dieses Unterscheidungsmerkmals erfordert einige Uebung. Es ist keineswegs leicht, in allen Fällen, namentlich bei kleineren Arten, die stets vorhandene, halbabstehende, steifere Grundbehaarung von den mehr steil aufgerichteten, weicheren Bürstenhärchen zu unterscheiden. Unter allen von uns untersuchten Lepturinen finden sich partiell bebürstete Hintertarsensohlen nur mehr bei *Necydalis* L. Eine allgemeinere Anwendung dieses Unterscheidungsmerkmals scheint nicht ausgeschlossen. So verhalten sich zum Beispiel die Arten des *Clytus*-Subgenus *Xylotrechus* Chevr. nebst *tropicus* Panz. im Gegensatz zu den übrigen *Clytus*-Arten wie die ächten Lepturen. Die zweite der oben erwähnten Beobachtungen betrifft die Gattung *Cortodera* Muls. Alle Angehörigen derselben zeichnen sich dadurch aus, dass das etwas mehr verbreiterte, dritte Tarsenglied mit dem vorhergehenden nicht centrisch articulirt, die Einlenkungsstelle ist mehr gegen die Sohle des zweiten Gliedes herabgerückt, so dass die Tarse an dieser Stelle wie geknickt erscheint.

Von hervorragender Bedeutung für die erfolgreiche Bearbeitung der beiden speziell behandelten Gruppen erwies sich ein

Unterschied in der Zahl der Dornen an der Spitze der
Hinterschienen. Während diese bei den ♀ ♀ stets mit zwei
Dornen besetzt sind, bemerken wir bei den ♂ ♂ eine Differenzirung
in Arten mit einfach und solche mit doppelt bedornten Hintertibien. Im ersteren Falle fehlt der innere Dorn. Bei der grossen
habituellen Aehnlichkeit und oft sehr beträchtlichen Variationsfähigkeit mancher hier in Betracht kommenden Arten liegt in dem
eben erwähnten Unterschied nicht selten das einzige Mittel zur
sicheren Erkennung. Ausser bei den hier speziell besprochenen
Spezies besitzen auch die ♂ ♂ der Vertreter des Subgenus
Anoplodera Muls. an der Spitze der Hinterschienen nur einen Dorn.

Nicht unbedeutende und zum Teil sehr constante Unterschiede
liegen in der Art der Behaarung. Dass solche bisher nicht
beobachtet oder in ihrem Werte unterschätzt worden, liegt wohl
allein daran, dass dieselben nur an ganz gut conservirten, insbesondere trocken getödteten Tieren wahrgenommen werden können.
Das früher allgemein verbreitete, jetzt erfreulicherweise nur mehr
selten angewandte Verfahren, alle Käfer in Spiritus, Benzin etc.
zu töten, übt namentlich auf zarter behaarte Tiere die nach-
teiligsten Wirkungen aus, so dass feinere Unterschiede zum grossen
Teil der Beobachtung entgehen.

Die Prüfung des männlichen Geschlechtsapparats
ergab zunächst, dass der eigentliche Forceps wegen seiner gleich-
mässigen Ausbildung nur in beschränktem Masse zur Unterscheidung verwandter Arten herangezogen werden kann. Nur in
einem einzigen Fall, bei *Lept. bisignata* Brull., bemerken wir eine
wesentlichere Abweichung in der Form. Indess ein secundäres,
längs des Forceps verschiebbares, nach rückwärts klappen- oder
zangenförmig entwickeltes Haftorgan nimmt insofern unser Interesse in Anspruch, als die Form der Klappen (wohl den ,,valvae
laterales" Dr. Kraatz's (D. ent. Zeitschrift. 1881 p. 123) entsprechend) für zwei Arten, *unipunctata* F. und *hirsuta* nob. characteristisch ist. Bei fast allen mit *Leptura unipunctata* verwandten
Arten sind die Klappenflügel messerförmig, an ihrer Innenseite
fast geradlinig begrenzt, bei diesen beiden jedoch mehr beilförmig
entwickelt, indem sie sich von der Basis ab ziemlich rasch bis
zur Mitte nach innen verbreitern, so dass die benachbarten Ränder
sich nähern, vom Punkt der grössten Annäherung verlaufen dieselben fast geradlinig parallel bis zur Spitze.

Verwandte der *Leptura unipunctata* Fabr.

Ein typisches Beispiel solcher Gruppen, deren Angehörige,
meist längst bekannte Arten, sich ohne Schwierigkeit in eine An-

zahl gleichwertiger Formenreihen ordnen lassen, die durch das
besondere Hervortreten allerdings untergeordneter Merkmale soviel
Eigentümlichkeiten an sich tragen, dass wir gewohnt sind, jeder
derselben spezifische Bedeutung beizulegen, obgleich neben dem
Auftreten von Uebergängen der gänzliche Mangel absoluter Trennungsmerkmale für die Vereinigung als Formen einer einzigen,
sehr variablen Art sprechen würde. Entscheidende Versuche in
diesem Sinne scheinen im vorliegenden Fall kaum unternommen
worden zu sein, man hat sich wohl stets der berechtigten Vermutung hingegeben, dass noch Unterschiede bestehen müssten, die
sich bisher unserer Wahrnehmung entzogen haben. Wie aus den
im Folgenden gemachten Mitteilungen hervorgeht, ist es uns nun in
der That gelungen, dem spröden Stoff einige Zugangspunkte abzugewinnen, deren practische Verfolgung die Möglichkeit bot, das
scheinbare Rassenconglomerat in seine natürlichen, spezifischen
Bestandteile aufzulösen und damit im Zusammenhang die engeren
verwandtschaftlichen Beziehungen zu ermitteln. Mit einigen wohlbegründeten Verschiebungen in der bisher üblichen Verteilung der
Synonyma glauben wir auch den auf allmählige Stabilisirung
unserer Nomenclaturverhältnisse gerichteten Bestrebungen Rechnung
getragen zu haben.

Als Verwandte der *Leptura unipunctata* F. im engeren Sinne
betrachten wir die Arten der Mulsant'schen Gattung *Vadonia*,
die durch verrundete oder stumpfe Spitzenwinkel der Flügeldecken
gekennzeichnet sind.*) Alle Vertreter derselben besitzen nicht
oder nur sehr undeutlich gesägte Fühler und in beiden Geschlechtern
einfaches an der Spitze nicht ausgerandetes Analsegment. *Leptura livida* F., die sich durch die Brustkiele und das eingedrückte
Analsegment des ♂ von allen Vadonien auffallend unterscheidet,
ist entschieden näher mit *maculicornis* Deg.-*simplonica* Frm. verwandt, zumal auch bei diesen beiden Arten in den Hinterbrustbürsten eine den Brusthöckern der livida entsprechende Anlage
sich findet.

Als entferntere Verwandte berücksichtigen wir hier noch
Leptura oblongomaculata Buq., *trisignata* Fairm., *erythroptera* Hag.,
rufa Brull., *Heydeni* Gglb., *ciliciensis* nob. nov. spec., *bitlisiensis*
Chev., *instigmata* Pic und *bicolor* Redt.

---

*) Wir bemerken hier, dass die Gattung *Vadonia* in der von Mulsant
gedachten Begrenzung durch die ihr beigelegten Merkmale als solche nicht
ausreichend charakterisiert ist. *Leptura monostigma* Gglb., dem Habitus
und auch sonstigen Eigenschaften nach unzweifelhaft eine *Vadonia*, besitzt
z. B. nicht selten schärfere Apicalwinkel der Flügeldecken als *L. pallens*
Brull., *maculicornis* Deg. etc.

Uebersicht der Arten:

1" Hintertibien der ♂♂ an der Spitze mit zwei Dornen.
2" Wenigstens das 7. und 8. Glied der Fühler bei den ♂♂ und meist auch bei den ♀♀ stark gesägt.
3" Aussenwinkel der Flügeldecken spitz, Fühler vom 5. Glied ab gesägt, Flügeldecken der ♂♂ normal ohne Medianmakel.
4" Der vordere, abgeschnürte Teil des Halsschildes breit, halsartig verlängert. Analsegment des ♂ an der Spitze flach ausgeschnitten, die Aussenwinkel nicht verrundet. Halsschild und Flügeldecken grob punktirt. Flügeldecken der ♀♀ normal mit einer länglichen in oder hinter der Mitte gelegenen dunklen Makel *oblongomaculata.* Buq.
  trisignata Fairm.
4' Der vordere abgeschnürte Teil des Halsschildes schmal, mehr randartig.
5" Flügeldecken sehr grob punktirt, viel grober als das Halsschild. 4. Fühlerglied merklich kürzer als das 5. Analsegment des ♂ meist einfach, nicht selten aber an der Spitze deutlich ausgerandet. Hinterschenkel schwarz, Mittel- und Vorderschenkel ganz oder teilweise rot. Abdomen schwarz, Flügeldecken der ♀♀ ungefleckt . . . . . : . . . *erythroptera* Hagenb.
5' Flügeldecken normal schwächer punktirt, Fühler dünner, das 4. Glied an Länge kaum vom 5. unterschieden. Alle Schenkel gleich gefärbt, schwarz oder rot, Abdomen oft ganz oder nur einige Segmente rot. Analsegment der ♂♂ an der Spitze nicht ausgerandet, mit verrundeten Aussenwinkeln. Flügeldecken der ♀♀ normal mit kreis- oder punktförmigem Diskoidalfleck . . . . . *rufa* Brull.
  Heydeni Gglb.
3' Aussenwinkel der Flügeldecken rechtwinklig oder abgerundet. Flügeldecken der ♂♂ häufig gefleckt.
6" Fühler der ♂♂ vom 6. Glied ab scharf, das 5. nicht gesägt. Flügeldecken normal mit einer Medianmakel
  Ciliciensis nov. spec.
  bitlisiensis Chevr.
6' Das 6. Fühlerglied des ♂ nicht (*instigmata*) oder schwach (*bicolor*), im letzteren Fall auch das 5. Glied undeutlich gesägt Flügeldecken ohne Medianmakel *instigmata* Pic.
  bicolor Redtenb.
2' Fühler nicht gesägt, Hinterwinkel der Flügeldecken verrundet.

7" Hinterschenkel an der Aussenseite anliegend behaart. Flügeldecken nur im Basaldrittel oder -Viertel länger abstehend behaart. Forcepslateralklappen nach innen verbreitert, schwach beilförmig entwickelt *unipunctata* Fabr.
7' Hinterschenkel auch an der Aussenseite lang abstehend behaart.
8" Die abstehende Behaarung der Flügeldecken reicht bis zum Apicalviertel oder -fünftel. Forcepsseitenklappen wie bei *unipunctata*. Kleinere Art: $8^1/_2$—10 Mill. *hirsuta* nov spec.
8' Die abstehende Behaarung verbreitet sich höchstens auf die Basalhälfte der Flügeldecken. Forcepsseitenklappen messerförmig. Grössere Art: 11—15 Mill. *bipunctata* Fabr.
1' Hintertibien der ♂♂ an der Spitze nur mit einem Dorn.
9" Hinterschenkel an der Aussenseite lang abstehend behaart . . . . *adusta* Kr.
9' Hinterschenkel an der Aussenseite kurz anliegend behaart.
10" Flügeldecken an der Spitze gemeinsam senkrecht zur Körperaxe abgeschnitten, die Schnittränder also keinen Winkel unter sich bildend, Innenwinkel fast rechtwinklig. Kurze, gedrungene Art . . . . . *imitatrix* nov. spec.
10' Flügeldecken an der Spitze einzeln abgeschnitten, die Schnittränder nach vorn und innen convergirend, der Innenwinkel stumpf oder abgerundet. Schlankere Arten . . . . *bisignata* Brull.
moesiaca nov. spec.
monostigma Gglbr.

Leptura oblongomaculata Buq. und *trisignata* Fairm.

In einer in der deutschen entomologischen Zeitschrift (1881 p. 249) von Herrn Dr. L. v. Heyden veröffentlichten Studie über „*Leptura rufa* Brullé und Verwandte" finden wir in übersichtlicher Darstellung die bis zu jenem Zeitpunkt gemachten Beobachtungen gesammelt und kritisch beleuchtet. Die Arbeit stellt sich auf den von Herrn Dr. Kraatz (D. ent. Zeitschrift. 1880 p. 385) entwickelten Standpunkt, führt namentlich auf Grund des von Dr. Kraatz beobachteten Punktirungsunterschiedes eine präcisere, von der Färbung unabhängige Trennung der östlichen und westlichen Art durch und schliesst mit einer sorgfältig ausgearbeiteten, mit genauen Litteraturreferaten ausgestatteten, synonymischen Zusammenstellung. Kurz darauf (Wiener ent. Ztg. 1882 p. 12) befürwortet Herr Ganglbauer die Zweiteilung der westlichen Art, welche Anschauung auch in seinen Bestimmungstabellen der europäischen Cerambyciden vertreten und heute wohl allgemein als richtig anerkannt wird.

Neben dem Unterschied in der Punktirung, der im Allgemeinen zwischen *oblongomaculata-trisignata* einer- und *rufa* andererseits besteht, machen wir auf die sehr abweichende Ausbildung des Prothorax aufmerksam, indem bei ersteren der vordere, abgeschnürte Teil verlängert und in Form eines halsartigen Ansatzes entwickelt ist, während er bei *rufa* mehr die Gestalt eines wohlausgebildeten Randes besitzt. Ferner fällt die Thoraxwölbung bei den westlichen Arten nach vorn und rückwärts steiler ab, die Medianfurche ist tiefer und breiter und insbesondere auch auf der vorderen Hälfte fast stets deutlich bemerkbar. Das Halsschild gewinnt dadurch ein mehr unebenes, höckeriges Aussehen gegenüber dem gleichmässiger gewölbten, auch durch die feinere Punktur ebener erscheinenden und nach vorn und rückwärts sanfter abfallenden Vorderrücken der *rufa* Brullé.

Was die Unterscheidung der beiden Arten unter sich betrifft, so erwähnt bereits Herr Dr. Kraatz für *oblongomaculata* die feinere Punktur, Herr Ganglbauer macht auf die conische Form des Halsschilds mit schwach gerundet erweiterten Seiten aufmerksam. Wir fügen noch hinzu, dass alle von uns bisher verglichenen *oblongomaculata* auch an der Basis der Flügeldecken nur sehr kurze Behaarung zeigten, bei *trisignata* ist sie dagegen besonders in der Umgebung der Schultern in den meisten Fällen länger und abstehender. Alle eben erwähnten Unterschiede scheinen sich besonders bei den ♀♀ leichter zu verwischen.

Beträchtlichere Verschiedenheiten liegen in der Färbung. Wir bemerken zunächst eine durchaus erkennbare Abweichung im Stich der hellen Farbe, für *oblongomaculata* ein gelb gemischtes Ziegelrot, für *trisignata* ein ausgesprochenes Braunrot. Die dunkle Farbe ist bei ersterer Art mehr rein schwarz, bei letzterer pechbraun. Während sich die helle Färbung bei *trisignata* ♂ auf die Flügeldecken, das 1. (und 2.) Fühlerglied, die Beine mit Ausnahme der Hinter- und eines Teils der Mitteltarsen und das 3.—5. Abdominalsegment beschränkt, verbreitet sich dieselbe bei normal gefärbten *oblongomaculata* ♂♂ auch auf das Halsschild und die ersten 4 Fühlerglieder, es bleiben dann meist nur die Brustsegmente, die Basis des Abdomens und der Schenkel, der Hinterrand des Halsschilds und das Schildchen schwarz, die Fühler vom 5. Glied ab dunkel braunrot. Die ♀♀ sind im allgemeinen wie die ♂♂ gefärbt, jedoch durch das Auftreten je einer Längsmakel auf den Flügeldecken ausgezeichnet, die bei *oblongomaculata* ungefähr in der Mitte, vom Seiten- und Nahtrand gleichweit ent-

fernt liegt, bei *trisignata* ♀ (Albarracin [Aragonien, K o r b]:
Coll. v. H e y d e n) aber mehr nach rückwärts, etwa in das zweite
Drittel der Flügeldeckenlänge gerückt und dem Seitenrande mehr
genähert ist. Das Fairmaire'sche Originalstück (♀ Madrid.
Mieg: Annales d. l. soc. ent. de France 1852 p. 92), von dem
ebenfalls bemerkt wird, dass die oblonge Makel etwas rückwärts
gelegen ist, hat ausserdem die Naht schwarz gesäumt, der Saum
ist in der Mitte etwas verbreitert. Die Fühler sind bei *oblongomaculata* ♀ ganz rot, bei dem *trisignata* ♀ der v. H e y d e n 'schen
Sammlung das 1. und 2. und die Basis des 3., 4., 6., 7. und
8. Gliedes rötlich. Fairmaire's Beschreibung enthält keine
Angaben über die Fühlerfärbung. Auf dem Abdomen herrscht bei
den ♀ ♀ im allgemeinen die dunkle Farbe vor, nur das letzte
und ein Teil des vorletzten Segmentes ist gerötet.

Eine südfranzösische Form der *Leptura trisignata* Fairm., die
im männlichen Geschlecht mit der spanischen vollkommen übereinstimmt (Provence, Grenier: Coll. v. H e y d e n; France mérid :
Coll. Pic), zeigt im weiblichen Geschlecht einfärbige Flügeldecken
(Ria, Pyr. or.: Coll. Pic), das 1. und 2. Fühlerglied und Seg-
ment 3—5 des Abdomens rot. Mulsant's *rufa* (= *trisignata*
Fairm.) aus der Provence (Le Luc) besitzt im ♂ Geschlecht ganz
schwarze Fühler, beim ♀ rötliche, das Abdomen des letzteren ist
einfärbig schwarz.

Leptura trisignata ♂ ist in der Färbung sehr constant,
ausser dem Mulsant'schen Stück mit ganz schwarzen Fühlern
ist uns über eine nennenswerte Varietät nichts bekannt geworden.
Von ♀ ♀ kennen wir, wie bereits erwähnt, Exemplare mit einfärbigen Flügeldecken, 1 Stück mit einfacher Längsmakel und
Fairmaire's Original, welches ausserdem noch durch eine in
der Mitte verbreiterte Nahtbinde ausgezeichnet ist.

Für *Leptura oblongomaculata* erwähnen wir folgende zum Teil
sehr auffallende Abänderungen:
1 ♂ (Algérie: Coll. Reitter) hellgelbrot, nur die Brustsegmente schwarz, Fühler fast ganz hell,
  nur die mittleren Glieder etwas angedunkelt.
1 ♂ ♀ (Sardinia, S i k o r a 85: W i e n e r H o f m u s e u m),
  bei diesen beiden Stücken ist auch der
  vordere abgeschnürte Teil des Thorax geschwärzt, ebenso die Basalhälfte aller
  Schenkel.
1 ♂ ♀ (Algérie: coll. Pic) mit fast ganz schwarzen Hinter-
  schenkeln, sonst normal.
1 ♂ (Marocco?: coll. Pic) Flügeldecken mit einer
  schwarzen, ziemlich breiten, im

ersten Drittel beginnenden Suturalbinde, die sich rasch verschmälert und vom Apicalviertel ab als einfache Saumlinie bis zur Spitze verlängert. Die Fühler sind mit Ausnahme des ersten Gliedes rein schwarz, Halsschild ganz rot, nur vor dem Schildchen eine wenig auffallende schwarze Makel. Im Uebrigen ist das Stück normal. Zweifellos == . . . var. *tangeriana* Tournier.*)
1 ♂ ♀ (♂ Marocco?: Coll. Pic; ♀ Marocco, Deyrolle: Coll. v. Heyden) einfärbig schwarz, beim ♂ nur das letzte Abdominalsegment und der Hinterrand des vorhergehenden, beim ♀ die Tibien rotbraun . . . *maroccana* Heyden**)
(*tangeriana* Heyden olim).

---

*) Petites nouvelles entomol. 1875 p. 475. *Leptura tangeriana* Tournier: Long. 11 mill. larg. 3 mill. Corps finement pubescent; premier article des antennes, tête, prothorax, élytres, pattes d'un beau rouge de brique; antennes depuis le deuxième article, prosternum, méso- et métasternum, ainsi que l'abdomen et les tarses, noirs. Les élytres sont parées d'une tache suturale étroite et noire; celle-ci part du tiers antérieur environ de leur longueur; elle est d'abord un peu ovalaire, puis se rétrécit au point de ne représenter qu' une ligne très étroite qui se prolonge jusqu' à l'extrémité de la suture. Dessus du corps fortement et grossièrement ponctué, surtout les élytres; prosternum, meso- et métasternum assez fortement et densément ponctués; abdomen finement et éparsement pointillé, brillant, surtout vers l'extrémité. Cette jolie Lepture vient de Tanger.

Unter den von Herrn Fairmaire (Annales de la société entom. de France 1880 p. 29) erwähnten Varietäten der *Lept. rufa* (= *oblongomaculata* Buq.) von Tanger ist sicher auch var. *tangeriana* Tournier einbegriffen. Fairmaire schreibt: „Elle (*L. rufa* Fairm.) présente aux environs de Tanger des variétés fort curieuses chez lesquelles la couleur noire, bornée dans quelques individus à une bande suturale atténuée en arrière, se répand en suite de manière à ne laisser qu' une large tache humérale et finit par envahir toute l'élytre. Les pattes qui sont rouges dans le type, passent aussi peu à peu à la teinte noire en suivant la progression intensive du dessus du corps."

**) Herr Dr. v. Heyden bezieht sein schwarzes ♀ aus Marokko wegen der gedrungenen Gestalt auf *trisignata* Fairm. Bei der sonstigen Uebereinstimmung mit *oblongomaculata* Buq. möchten wir der erwähnten Formverschiedenheit nicht allzugrosse Bedeutung beilegen, ähnliche Beobachtungen machten wir schon bei ♂ ♂ gleicher Provenienz. Wenn auch das Vorkommen von *trisignata* Fairm. in Nordwestafrika nicht als ausgeschlossen betrachtet werden darf, so müssen wir doch daran festhalten, dass sie bisher ebensowenig wie *oblongomaculata* Buq für Spanien, sicher für Algier und Marocco nachgewiesen werden konnte. Als bezeichnend erinnern wir daran, dass von Tanger nur *oblongomaculata* mit ihren merkwürdigen Varietäten, von dem benachbarten, gutdurchforschten Chiclana nur *trisignata* Fairm. bekannt geworden ist.

Die beiden besprochenen Arten bewohnen ausschliesslich die westlichen Gebiete des mediterranen Faunenbezirks. L. *trisignata* ist hauptsächlich über die iberische Halbinsel und die südfranzösischen Küstenstriche verbreitet. Leptura *oblongomaculata* Buq. ist bisher nur für Algier, Marocco und Sardinien mit Sicherheit nachgewiesen.

Leptura erythroptera Hagenb.

Unzweifelhaft eine Verwandte der *rufa* Brull, von der sie sich durch die in der Uebersichtstabelle angegebenen Merkmale unterscheidet. Durch die auffallend grobe Punktur der Flügeldecken, das im Verhältnis zum folgenden verkürzte vierte Fühlerglied, sowie die nicht selten zu beobachtende Ausrandung des ♂ Analsegments nähert sie sich indess auch der *L. trisignata* Fairm. und vermittelt so gewissermassen den Uebergang der westlichen zur östlichen *rufa* der älteren Autoren. Ausser den mitteleuropäischen Gebirgen und den Caucasusländern bewohnt sie auch die Türkei (ein Frivaldsky'sches Stück der Coll. Baudi) und Kleinasien (Coll. Reitter).

Leptura rufa Brullé, Kraatz.

Ihr Verbreitungsgebiet erstreckt sich von Italien durch Griechenland, die Türkei und Kleinasien bis Palästina, Armenien und Persien. Bezüglich der Färbung verhalten sich die ♂ ♂ ziemlich constant. Kopf, Fühler und Thoraxsegmente schwarz, Flügeldecken, Beine und Abdomen rot oder braunrot, Flügeldeckenspitze und Tarsen öfters in grösserer oder geringerer Ausdehnung geschwärzt. Die ♀ ♀ haben ausserdem eine schwarze, dem Seitenrande genäherte Medianmakel auf den Flügeldecken, ebenso scheinen deren Apicalviertel oder Fünftel, wie auch die Basalsegmente des Abdomens fast stets dunkel gefärbt zu sein. Die Fühler sind teils einfärbig schwarz, bei Stücken aus Syrien und dem Taurus sind mehrere Glieder teilweise gerötet (*L. Silbermanni* Lef. und *nigropicta* Fairm.). Bemerkenswerte Farbenänderungen scheinen besonders bei ♀ ♀ vorzukommen, so:
 ♀ (Graecia: Coll. Kraatz) Flügeldecken einfärbig rot.
 ♀ (Armenien, Sikora: Wiener Hofmuseum). Die schwarze Apicalmakel breitet sich bei diesem Stück über die Mitte der Flügeldecken aus, so dass nur das Basaldrittel rot gefärbt bleibt. Beine und Abdomen, letzteres mit Ausnahme der Basis des 1. und 2. Ventralsegments rot. Diese auffallende Abänderung

(var. *dimidiata* Ganglbauer i. l.) stimmt in der Färbung der Flügeldecken mit Leptura *tripartita* Heyden aus Syrien überein, letztere ist indess, wie auch die Beschreibung hervorhebt, eine Verwandte der *L. cordigera* Füssl. mit entsprechend kurzer Behaarung und dichter Punktirung des Halsschilds und der Flügeldecken.

♀ (Luschan, Gióĺ-Banhi 1882: Wiener Hofmuseum) Fast ganz schwarz, nur die Beine, die Seitenränder der Flügeldecken und die Ränder der letzten Ventralsegmente rotbraun.

Besonders erwähnenswert erscheinen uns noch 2 aus Adalia stammende, in Reitter's Sammlung als *trisignata* var. enthaltene ♂ ♂ (var. *attaliensis* nob.), die in der That der kräftigen Punktirung ihrer Flügeldecken halber sich der *L. trisignata* Fairm. nähern und so den praktischen Wert des sonst recht brauchbaren Punktirungsunterschiedes für *rufa* und *trisignata* verringern. Alle übrigen Merkmale sprechen aber für ihre Zugehörigkeit zu rufa Brull., so insbesondere die Skulptur des Halsschildes, das nicht ausgerandete Analsegment und die einfärbig schwarzen Fühler. Neben der abweichenden Punktirung zeichnet sich diese Lokalrasse auch durch das sonst bei rufa ♂ ♂ noch nicht beobachtete Auftreten einer Medianmakel auf den Flügeldecken aus, das eine der beiden Stücke hat dieselbe sehr deutlich, ausserdem die Spitze breit geschwärzt, das andere schwach angedeutet und nur etwas angedunkelte Apicalpartie.

Leptura Heydeni Gglbr.

Eine durch hellgelbe Grundfarbe der Flügeldecken auffallend von allen bisher behandelten unterschiedene, im übrigen aber mit *Leptura rufa* Brullé nahe verwandte Art, so nahe zwar, dass abgesehen von einigen nicht ganz befriedigenden plastischen Unterschieden der Schwerpunkt der Characteristik auf die allerdings augenfälligen Färbungsdifferenzen gelegt werden muss. Von dieser seltenen Art liegen uns vor

aus dem k. k. naturhistorischen Hofmuseum zu
Wien: . . . . ♂♀ Syria. Otto
♂ Astrabad
aus der Sammlung des Herrn Dr. L. v. Heyden: ♂ Caraman*),
Bauer, ♂ Turcia, Abresch

---

*) Wohl die Stadt Laronda, auch Caramân genannt, am Nordfuss des Cilicischen Taurus.

aus der Sammlung des Herrn Dr. Kraatz: 2 ♀♀ (Lederer) aus unserer eigenen Sammlung: 3 ♀♀ aus Külek im cilicischen Taurus. (Korb.)

Alle Stücke stimmen vollständig unter sich überein Die Grundfarbe ist schwarz, die Tibien ganz oder teilweise bräunlich, die Flügeldecken gelb, das Apicalfünftel und bei den ♀♀ auch ein Diskoidalfleck schwarz. Die Fühler sind etwas schwächer und auch weniger scharf gesägt als bei *rufa*, die Flügeldecken der ♂♂ nach rückwärts mehr verengt, doch dürften diese Unterschiede bei Vergleichung grösserer Individuenreihen sich verwischen.

Habituell erinnert *Heydeni* Gglb. nicht wenig an die mit *fulva* Deg. zunächst verwandten Arten und sie wurde bisher auch stets als solche betrachtet. Abgesehen davon, dass Schwankungen in der Flügeldeckenzeichnung bei den Angehörigen der *fulva*-Gruppe kaum zu bemerken sind — so zwar, dass diese Constanz im Gegensatz zu der grossen Variationsfähigkeit bei andern Lepturen gewissermassen den Rang eines Gruppenmerkmals verdient[*]) — das plötzliche Auftreten einer schwarz gefleckten Form also an und für sich schon auffallend erscheinen muss, deuten eine Anzahl von Characteren, so das einfache Analsegment und der Mangel von Brustbürsten bei den ♂♂, die gleichartige Ausbildung der Hintertibien in beiden Geschlechtern, die teilweise hell gefärbten Schienen etc. unzweifelhaft darauf hin, dass *Leptura Heydeni* Gglb. aus dem Formenkreis der mit *Leptura fulva* Deg. zunächst verwandten Arten auszuscheiden und ihren nahen Beziehungen zu *Leptura rufa* Brull. entsprechend im System einzureihen sei.

Leptura ustulata Mén. (Cat. rais. 231.) Herr Dr. v. Heyden bezieht die knapp gehaltene Ménétriès'sche Beschreibung auf die vorliegende Art. Ménétriès' Original stammt aus dem Talysch. Wenn auch *Heydeni* bisher dort nicht aufgefunden wurde, so ist die Möglichkeit doch nicht ausgeschlossen, zumal sie bereits für Persien (Astrabad) nachgewiesen ist, andererseits auch Analogien zwischen der Fauna des cilicischen Taurus und dem transkaukasischen Bergland nicht fehlen. (Vergl. pag. 32.)

---

[*]) Wir legen daher dem Fehlen der schwarzen Flügeldeckenspitzenzeichnung bei *simplonica* Fairm. und *circassica* nob. grössere Bedeutung bei, als dies im allgemeinen zu geschehen pflegt, zum mindesten halten wir diese Abweichung für einen nicht zu unterschätzenden Fingerzeig, der uns auf die Forschung nach neuen Unterscheidungsmerkmalen hinweist.

Leptura ciliciensis nob. nov. spec. und *bitlisiensis* Chevr.

Leptura ciliciensis nobis nov. spec.: ♂; *nigra, elytris macula media et parte quinta apicali exceptis aurantiacis, abdomine sanguineo, tibiis anticis medio flavescentibus; capite dense punctato, antennis gracilibus, apicem elytrorum attingentibus, ab articulo 6. acute serratis.; thorace globoso, ante medium latiore, dimidio basali longitudinaliter sulcato, basi et lateribus sat dense, disco disperse punctatis, punctis omnibus umbilicatis: elytris opacis, aequaliter dense et subtiliter punctatis, maxima parte breviter, basi longius flavopilosis, apice emarginatis, angulis rectis, abdominis segmento anali simplici, tibiis posticis bispinosis. Long. $13^{1}/_{2}$ mill, lat. 4 mill.*

♂. Schwarz, Flügeldecken orangerot, das Apicalfünftel und eine ziemlich grosse Medianmakel schwarz, Abdomen hell blutrot, Pygidium braunrot, Vordertibien in der Mitte rötlich gelb. Kopf dicht, fast runzlig, auf dem Hals weitläufiger punktirt, lang abstehend gelblich braun behaart. Fühler sehr schlank, die Flügeldeckenspitze fast erreichend, vom 6. Glied an scharf gesägt, die Glieder gestreckt, das 7. dreimal so lang als an der Spitze breit, die gesägten aussen vor der Spitze sanft ausgeschweift. Halsschild kugelig, vor der Mitte am breitesten, im Basalfünftel ziemlich stark eingeschnürt, an den Seiten und an der Basis dicht, in der Mitte viel spärlicher, mit grossen, runden Nabelpunkten besetzt und mit einem von der Einschnürung bis über die Mitte nach vorwärts reichenden, seichten, auf dem Grunde schwach glatt gefurchten Längseindruck; Behaarung bräunlichgelb, ziemlich lang und dicht. Flügeldecken verhältnismässig kurz, gedrungen, nach rückwärts nicht rasch verengt, matt, gleichmässig fein und dicht punktirt, die hell gefärbten Partien glänzend gelb, die schwarzen grösstenteils dunkel, halbniederliegend behaart; im ersten Drittel ist die Behaarung mehr abstehend, viel länger und auch weicher. Spitze ausgerandet mit rechtwinkligem Naht- und Aussenwinkel. Mittel- und Hinterbrust zum grössten Teil anliegend behaart und ziemlich dicht, Abdomen sehr gedrängt und viel schwächer punktirt, fast matt, vollständig anliegend behaart; Analsegment einfach abgestutzt, mit verrundeten Aussenwinkeln. Beine mässig schlank, Hintertarsen von der Länge der Schienen, anliegend gelblich behaart, Hintertibien an der Spitze mit 2 Dornen. ♀ unbekannt.

Das einzige Exemplar befindet sich in unserer Sammlung. Es wurde von unserm Freund Max Korb bei Külek im cilicischen Taurus am 28. Juni 1886 gesammelt.

L. bitlisiensis. Chevr: Uns sind bekannt:
Aus dem k. k. naturhistorischen Hofmuseum in Wien:

♂ ♀ (Armenien, Sikora 1887) aus der Umgebung des Wan-Sees.
Aus der Sammlung des Herrn Dr. L. v. Heyden: ♂ Kasikoporan, ♀ Armenien, ♀ ohne Fundort.
Ferner 1 ♂ (Kasikoporan: Coll. Staudinger) und 1 ♀ (Bitlis: Coll. Pic. [*cribricollis* Pic typ.])
Die angegebenen Lokalitäten liegen teils in Türkisch- (Bitlis, Wan-See), teils in Russisch-Armenien (Kasikoporan). Die Art ist daher aus letzterem Grunde im Catal. Coleopt. Europ. et Cauc. (edit. IV.) ergänzend nachzutragen.

Leptura ciliciensis nob. und *bitlisiensis* Chevr. unterscheiden sich von allen hier in Betracht kommenden Arten durch die Verschiedenheit in der Ausbildung des 5. und 6. Fühlergliedes der ♂♂. Während das 5. Glied wie die vorhergehenden einfach, gegen die Spitze nur normal erweitert ist, zeigt das 6. Glied unvermittelt die Sägezahnform sehr ausgeprägt. Beiden Arten gemeinsam sind ferner das grob, in der Mitte zerstreut punktirte Halsschild, das im ♂ Geschlecht einfache Analsegment, die hellgefärbten Vorderschienen und die doppelte Bedornung der Hintertibien. Verschieden ist die neue Art (♂) von *bitlisiensis* Chevr. ♂ durch gedrungene Gestalt, viel längere, bis zur Spitze reichende Fühler, heller gefärbte, reichlich gelb gemischte Färbung der Flügeldecken, grössere Ausdehnung der schwarzen Zeichnung und blutrot gefärbtes Abdomen. Bei allen uns vorliegenden Stücken der *bitlisiensis* ist die Medianmakel der Flügeldecken klein, bei 1 ♂ fast, bei 1 ♀ vollständig verschwunden, auch ist die Spitze der Flügeldecken stets mit dem übrigen Teil gleich gefärbt. Bei *ciliciensis* nimmt die Medianmakel ein Drittel der Flügeldeckenbreite ein, das ganze Apicalfünftel ist geschwärzt. Das Halsschild ist bei derselben etwas weniger grob, die Flügeldecken dichter und feiner punktirt, im Basaldrittel mit längerer weicherer Behaarung, bei *bitlisiensis* sind dieselben auch an der Basis kurz behaart, an der Spitze entweder einfach abgestutzt oder doch schwächer ausgerandet. Was die Färbung der Flügeldeckenbehaarung betrifft, so ist dieselbe bei der neuen Art für die hell gefärbten Partien ausschliesslich hell, glänzend, bei *bitlisiensis* vorherrschend oder ganz schwarz. Dasselbe gilt für die Bekleidung der Schenkel.

L. cribricollis Pic (L'Échange, revue Linnéenne 1889 Nr. 51) aus Bitlis ist nach einem ♀ der *bitlisiensis* beschrieben. Das typische Exemplar lag uns vor. In den Annales de la société entomologique de France (1889 Bullet. LXXXIX) stellt auch **Fauvel** die Identität von *cribricollis* und *bitlisiensis* fest, wir erhalten dort auch die Mitteilung, dass die schon sehr kurze Diagnose **Chevrolat**'s noch in sofern unvollständig ist, als das Originalstück (Coll. Sédillot-Paris) auf den Flügeldecken beiderseits eine Medianmakel trägt, die **Chevrolat** in seiner Beschreibung nicht erwähnt.

Leptura bicolor Redtenb. und *instigmata* Pic.

L. bicolor Redtb. Im k. k. naturhistorischen Hofmuseum zu Wien sind enthalten

♂ ♀ Astrabad (Typen der *Lept. Türki* Heyden)

♀ Schiraz (Persien) Type der *L. bicolor* Redtb.)

Ferner kennen wir 2 ♀♀ aus Erzerum bezw. Astrabad (Coll. Reitter).

Eine wenig bekannte, durch einfärbige, ziemlich stark glänzende Flügeldecken und nur schwach gewölbtes, mehr flach gedrücktes, auf dem Diskus sehr zerstreut punktirtes oder vollkommen glattes, nur von der Mittelfurche durchzogenes Halsschild sehr ausgezeichnete Art von characteristischer, insbesondere bei den ♀♀ an *Toxotus* erinnernder Gestalt. In der Beschreibung der *L. Türki* Heyden wird bereits auf die Aehnlichkeit des ♀ mit *Rhagium inquisitor* hingewiesen.

L. instigmata Pic. Auf die oben erwähnte, von **Fauvel** gebrachte Mitteilung über die Identität von *L. cribricollis* Pic und *bitlisiensis* Chevr. hin veröffentlichte Herr **Pic** in derselben Zeitschrift (1889 Bullet. CLXXV.) eine Note, in der er die Beschreibung seiner *cribricollis* erweitert und mit derselben ein auf den Flügeldecken ungeflecktes, ebenfalls aus Bittlis stammendes Tier als *var. instigmata* vereinigt, ausserdem wird dort die ursprünglich als *cribricollis* bereits beschriebene, gefleckte Form als *bitlisiensis var. bistigmata* aufgestellt. Es folgt daraus zunächst, dass *bistigmata* Pic = *cribricollis* Pic = *bitlisiensis* Chevr.

Die vermeintliche Varietät *instigmata*, welche Herr **Pic** nur durch den Mangel der schwarzen Medianmakel auf den Flügeldecken von *bitlisiensis* Chevr. abtrennt, ist indessen eine eigene, nur mit *bicolor* Redtb. verwandte und mit *bitlisiensis* Chevr. nicht zu verwechselnde Art. **Pic**'s Original (♂) lag uns zur Vergleichung vor. Die Verwandtschaft mit der vorhergehend besprochenen Art ist augenscheinlich und äussert sich zunächst in Grösse, Gestalt und Färbung, worin beide auf den ersten Blick vollkommen übereinstimmen. Zu ihrer Unterscheidung bemerken wir folgendes (da uns von *instigmata* nur das eine ♂ vorliegt, beziehen sich die Angaben nur auf ♂♂): Das bei *bicolor* auf dem Diskus flachere, fast oder ganz glänzend glatte Halsschild ist bei *instigmata* mehr kugelig gewölbt und in der Mitte, wenn auch spärlicher, so doch immerhin nicht auffallend weitläufig punktirt. Die Mittelfurche ist bei letzterer weniger scharf eingegraben und nur auf der hintern Hälfte deutlich, bei *bicolor* ist sie tiefer und erreicht den Vorderrand des Halsschilds. Die Fühler sind bei *instigmata* schlanker, das 6. wie das 5. Glied nicht gesägt, bei Redtenbachers Art ist das 6. Glied deutlich, wenn auch schwach sägezahnartig entwickelt. Die Flügeldecken erscheinen bei *instigmata* weniger glänzend, wegen dichterer Punktur, sie sind der Länge nach stark gewölbt, der äussere Spitzenwinkel fast rechtwinklig, der Innenwinkel scharf zähnchenartig ausgezogen. Bei *bicolor* sind die Flügeldecken der Länge nach mässig gewölbt, die Spitzenwinkel mehr verrundet, der innere nicht zahnartig vortretend, auch ist der Seitenrand bei dieser hinter der Mitte breit ausgebuchtet, bei *instigmata* geradlienig. *L. bitlisiensis* Chevr., von der auch Stücke mit einfärbigen Flügeldecken bekannt sind, unterscheidet sich von Pic's ungefleckter Art durch die vom 5. Gliede ab stark gesägten Fühler, kürzere Flügeldecken mit normalem innerem Apicalwinkel und viel grobere Punktur des Halsschilds. Ausserdem haben alle von uns bisher verglichenen Exemplare von *bitlisiensis* Chevr. teilweise hell bräunlich gefärbte Vordertibien, bei dem uns vorgelegenen instigmata ♂ sind sie vollständig schwarz. Die eben für *bitlisiensis* angegebenen Unterschiede treffen auch für unsere *ciliciensis* zu. Der Grösse nach zählt bicolor mit instigmata zu den ansehnlichsten Arten der Gattung.

Leptura unipunctata Fabr.

Die bekannteste und am weitesten verbreitete der hier zu besprechenden Arten, in ihren Abänderungen oft verkannt, ähnlich gefärbte Formen verwandter Spezies nicht selten mit ihr verwechselt. In Gemeinschaft mit den beiden folgenden Arten steht sie den übrigen Vadonien durch die in beiden Geschlechtern gleiche Bedornung der Hintertibien gegenüber, die in der Uebersichtstafel angegebenen Behaarungsunterschiede trennen sie von den beiden Nächstverwandten.

Die Stammform ist im allgemeinen mittelgross, (9½—) 11—13 mill. Die Behaarung ist vorherrschend gelblich, an der Basis der Flügeldecken ziemlich rauh abstehend, Hinterschenkel gleichmässig anliegend behaart, nur auf der Unterseite meist mit längeren abstehenden Haaren besetzt, die sich in manchen Fällen unter merklicher Zottenbildung verdichten. Die Flügeldeckenfärbung ist ein etwas gelbstichiges Rotbraun, ein sehr schmaler

Nahtsaum und eine Medianmakel jederseits schwarz, manchmal, besonders bei südrussischen Stücken, finden wir die Naht an der Basis etwas breiter angedunkelt. Weitere Ausdehnung der schwarzen Färbung wurde nicht beobachtet. Mitteldeutschland (Fabricius' Original aus Dresden), Böhmen, Mähren, Niederösterreich, Ungarn, Krimm, Cherson, Orenburg.

Abweichungen von diesem Grundtypus zeigen zunächst die Stücke aus dem südöstlichen Europa, Kleinasien und dem Kaukasus durch Auftreten schwarzer Grundbehaarung auf den Flügeldecken, die von der Spitze angefangen nach vorwärts sich verbreitet und in manchen Fällen auch auf die abstehende Behaarung der Flügeldeckenbasis, des Halsschilds und Kopfes sich erstreckt, letztere dann schwarz, nicht braun wie bei der Stammform. Es verschwindet damit der für diese characteristische, durch den Lichtreflex der hellen Behaarung hervorgerufene Seidenglanz der Flügeldecken, namentlich in der Apicalhälfte. Hierher Stücke vom Balkan (Sipka-Pass, Slivna), der Walachei (Comana), der Dobrutscha (Hirsovo), Transkaukasien (Abastuman), Kleinasien (Amasia, Tokat: Lokalrasse von constant geringer Grösse: $8^{1}/_{2}$ bis 10 mill.).

Besondere Beachtung verdient eine dem Westen Europas eigentümliche Form der *Leptura unipunctata* (var. *occidentalis* nob.), die von unserm Freund Max Korb bei Albarracin (Aragonien), Huelamo und Cuenca (Castilien) in grösserer Anzahl gesammelt wurde, von der uns auch 3 Stücke der Kraatz'schen Sammlung aus Tanger vorliegen. Sie ist durchschnittlich grösser (12—16 mill), namentlich die ♀♀ plumper, das Halsschild sehr dicht punktirt, besonders ausgezeichnet durch die **Reduction der abstehenden Behaarung an der Flügeldeckenbasis und der Unterseite, namentlich der Hinterschenkel, die in extremen Fällen vollständig fehlt, so dass nur mehr die halb anliegende, kurze Grundbehaarung sichtbar bleibt.** Die Färbung der Flügeldecken ist jener der Stammform ähnlich, häufig mit mehr ausgesprochener Beimischung von Gelb, bei den ♀♀ manchmal die Naht an der Basis breiter dunkel gesäumt. Die Behaarung ist vorherrschend gelb, die Grundbehaarung auf der hinteren Flügeldeckenhälfte öfter in grösserer oder geringerer Ausdehnung dunkel.

    1 ♀ (Cuenca 1890 Korb) mit einfärbigen Flügeldecken, ohne Mittelfleck, dadurch einem ♀ der Lept. *fulva* Deg. sehr ähnlich.

    1 ♀ (Tanger: Coll. Kraatz) ganz schwarz, Epipleuren an der Basis und der äusserste Seitenrand rot, ganz gelb behaart.

1 ♂ (Ria, Pyr. or.: Coll. Pic) ganz schwarz, von dort auch ein normal gefärbtes ♂ ♀.

Südfranzösische Stücke (Marseille) bilden mehr oder weniger deutliche Uebergänge von *occidentalis* zur Stammform.

Eine in Dalmatien (Zara, Spalato) einheimische, die Grösse der var. *occidentalis* fast erreichende Abart der *unipunctata* zeichnet sich ebenfalls durch die Ausbildung nigriner Formen aus und zwar treten solche, wie es scheint, ziemlich häufig auf. Die Grundbehaarung der Flügeldecken ist auch bei den normal gefärbten Stücken schwarz, die abstehende an der Basis, sowie jene des Halsschilds und des Kopfes hell und namentlich an den Schultern stärker entwickelt, als bei der spanischen Form. Die dunklen Varietäten sind entweder ganz schwarz oder nur der äusserste Seitenrand der Flügeldecken rot.

Leptura hirsuta nob. nov. spec.:

Nigra, elytris ferrugineis, margine suturali angusto maculaque media nigris; thorace hirsuto, sat dense punctato, punctis plerumque vix umbilicatis; elytris nitidis, subtiliter punctatis, apice singulatim rotundatis, nigro-fusco pilosis, pubescentia erecta longissima quartam quintamve partem apicalem attingente; corpore subtus femoribus que longissime cinereo-pilosis, segmento anali ♂ simplici, tibiis posticis maris bispinosis. Long. 8—10 mill. Lat. 2¹/₂—3 mill.

Die vorliegende Art ist die nächste Verwandte der *Leptura unipunctata* F., deren kleinsten, dunkel behaarten Exemplaren sie besonders ähnlich ist. Neben der etwas gedrungeneren Gestalt unterscheidet sich *hirsuta* von derselben durch **starke Ausbreitung der rauhen, sehr lang abstehenden, aufgerichteten Behaarung die auf den Flügeldecken besonders an den Seiten meist das Apicalviertel oder -Fünftel erreicht, auf der Unterseite stark zottig entwickelt ist und auch die Aussenseite der Hinterschenkel bekleidet**. Die Forcepsseitenklappen sind wie bei *unipunctata* entwickelt, es unterscheiden sich diese beiden Arten dadurch von sämtlichen übrigen Vadonien.

In unserer Sammlung sechs Stücke dieser niedlichen Art, von Merkl in der Dobrutscha bei Hirsova gesammelt, wo auch *unipunctata* in der oben besprochenen Abänderung, sonst aber ganz normal ausgebildet sich findet. Wir kennen ferner 1 Stück des k. ungar. Nationalmuseums und 2 Exemplare des bosnisch-herzegowinischen Landesmuseums zu Sarajevo, alle aus der Dobrutscha (Merkl) stammend.

Leptura bipunctata Fabr.

Nach der Originalbeschreibung (Spec. insector. 1781) ist *Leptura bipunctata* eine in Sibirien vorkommende, villose Art mit blass gelbbraunen Flügeldecken, deren Naht, Mittelpunkt und Spitze schwarz gefärbt ist. Ein Exemplar unserer Sammlung, das aus dem v. Harold'schen Doubletten-Nachlass stammt mit der Fundortsangabe „Sibirien" entspricht vollkommen der Diagnose Fabricius'. Zweifellos sind auch auf diese Art eine Reihe von Stücken aus Astrabad (Wiener Hofmuseum, Coll. Reitter) und Kasán (Coll. v. Heyden) zu beziehen. Die persischen und ostrussichen Stücke haben blass strohgelb gefärbte Flügeldecken, ein ziemlich schmaler, gewöhnlich von der Mitte ab allmählig gegen die Basis verbreiteter Suturalstreifen, beiderseits eine Makel in der Mitte und die Spitze in grösserer oder geringerer Ausdehnung schwarz. Doch variirt die dunkle Zeichnung, bei einem Stück aus Kasán fehlt die Nahtbinde und der Apicalfleck vollständig, andererseits verbreitet sich erstere bei einem Exemplar aus Astrabad über die Hälfte der Flügeldeckenbasis. Allen gemeinsam ist die lang abstehende, fast zottige Behaarung der Unterseite, das Halsschild, seitlich ziemlich stark gerundet, ist bald spärlich, bald dichter punktirt, die Punkte klein, einfach. Behaarung des Halsschilds teils hell (Kasán), teils dunkel (Astrabad), im ersteren Fall auch die Flügeldecken ganz gelblich, im letzteren gegen die Spitze schwarz gemischt behaart. Die ♂ ♂ tragen wie die ♀ ♀ an der Spitze der Hintertibien 2 Dornen, die Forcepsseitenklappen sind messerförmig, die Innenränder berühren sich erst an der beborsteten Spitze.

L. Fischeri Zoubkoff (Bull. d. Moscou I. 1829 p. 268) ist nach ockergelben Stücken der *Lept. bipunctata* F. aus Orenburg beschrieben, sowohl Beschreibung als Abbildung sprechen für ihre Identität mit *bipunctata* F. Zoubkoff selbst hielt sie ursprünglich für eine Varietät derselben und beschrieb sie erst auf Veranlassung Eschscholtz's als eigene Art. Uns vorliegende Orenburger Stücke (Coll. Kraatz, Coll. Starck) sind von ächten *bipunctata* nur durch etwas mehr rötlich gelbe Flügeldeckenfärbung verschieden, stimmen mit derselben indessen in allen wesentlichen Punkten vollkommen überein.

L. saucia Mulsant-Godart. Die ursprüngliche Beschreibung (Annal. d. l. Soc. Linn. de Lyon. 1855) bezieht sich auf eine vorherrschend schwarz gefärbte, aus der Krimm stammende Form, bei der nur eine rot gefärbte Lateralmakel hinter der Schulter erhalten bleibt. Das Originalstück liegt uns vor = *bipunctata*

Fabr. var. Wir verdanken seine Vergleichung dem freundlichen Entgegenkommen des Herrn Argod-Vallon in Crest, in dessen Besitz sich die Godart'sche Sammlung befindet. Später gibt Mulsant in seine „Coléoptères de France" (1862—63) nochmals eine Beschreibung der *saucia*, der jedoch normal gefärbte Stücke derselben Provenienz zu Grunde liegen und vereinigt mit ihr die ursprünglich beschriebene, dunkle Form als var. α. Diese letztere Beschreibung passt vollkommen auf eine Reihe von Lepturen unserer Sammlung aus Jekaterinoslaw im taurischen Gouvernement. Bei denselben ist die Färbung der Flügeldecken fast durchweg ein ausgesprochenes Braunrot, die schwarze Zeichnung ist ebenso angelegt wie bei *bipunctata* und nicht minder veränderlich. Auch betreffs der übrigen Charactere, insbesondere bezüglich der Behaarung der Unterseite, der Punktirung des Halsschilds, Bedornung der Hinterschienen, Form der ♂ Geschlechtsteile etc. zeigen unsere Sammlungsstücke soviel Uebereinstimmung mit den oben erwähnten sibirischen, persischen und ostrussischen Exemplaren der *bipunctata*, dass ihre Zusammenziehung als Formen einer Art einer weiteren Begründung nicht bedarf. Dasselbe gilt von einer, durch Becker in den Sammlungen richtig als *bipunctata* F. verbreiteten Leptura aus der Umgebung von Sarepta, die in dunkleren Stücken von der taurischen Form nicht zu unterscheiden ist, deren heller gefärbte Individuen aber sehr an die aus dem nahen Orenburg beschriebene *Leptura Fischeri* Zoubk. erinnern.

L. laterimaculata Motsch. (Bull. d. Moscou 1875 p. 142) ist nach der Beschreibung unzweifelhaft = *saucia* Muls. var. α. Sie stammt ebenfalls aus der Krimm. Wir kennen ausser dem Mulsant-Godart'schen Original (mit nur einer grösseren roten Lateralmakel vor der Flügeldeckenmitte) noch 4 ♂♂, welche, mit je 2 kleineren oder grösseren roten Randflecken geziert, der Motschulsky'schen Beschreibung vollständig entsprechen (2 ♂♂, Jekaterinoslaw: coll. nostr.; 2 ♂♂ Stawropol: Coll. Reitter)

Leptura bipunctata Fabr. ist daher die über Süd- und Ost-Russland verbreitete, bis Persien und Sibirien vordringende Art, welche von den Verwandten mit doppelt bedornten ♂ Hinterschienen durch die characteristische Form der Forcepsseitenklappen verschieden ist. Von *unipunctata* F. entfernt sie sich ausserdem durch die stark abstehende, weiche Behaarung der Unterseite und die grösstenteils einfache, oft zerstreute Punktirung des Halsschilds. *Leptura hirsuta* nob. weicht neben dem Unterschied im Genitalapparat durch viel geringere Grösse und die Ausdehnung der rauhen Flügeldeckenbehaarung von ihr ab. Der Flügeldeckengrundfarbe nach zerfällt die Art in eine hellere, die östlichen

Teile ihres Verbreitungsbezirks bewohnende und eine dunklere, westliche Rasse, Uebergänge sind besonders aus dem untern Wolgagebiet bekannt. Die schwarze Zeichnung variirt in ihrer Ausdehnung wesentlich in dem bereits besprochenen Sinn, ganz schwarze Individuen sind uns bisher nicht vorgekommen, dürften indess wohl kaum fehlen.

Leptura adusta Kraatz.

In einem von Herrn Dr. Kraatz veröffentlichten Aufsatz (Berliner entom. Z. 1859, p. 97) über *„Leptura unipunctata* F. und Verwandte" wurde *adusta* nach ungarischen, von Frivaldsky mitgeteilten Stücken beschrieben, auch die von Miller (Wiener ent. Monatschr. II. p. 385) als *unipunctata* var. betrachtete, von Stentz in Croatien gesammelte *Leptura*, sowie eine serbische und caucasische, ganz schwarze Form wird mit derselben vereinigt. Der Provenienz nach zu urteilen, handelt es sich hier um eine Mischart aus mindestens 2 Spezies, indem die von Stentz in Croatien gesammelte Form von den in der Kraatz'schen Sammlung enthaltenen, ungarischen Stücken der *adusta* spezifisch verschieden ist. Da indessen die in der Beschreibung enthaltenen Angaben über die Punktirung des Halsschilds und der Flügeldecken nur auf die ungarischen Exemplare bezogen werden können und in der That in der Kraatz'schen Sammlung als *adusta*-Typen nur solche enthalten sind, während dort das Stentz'sche Tier unter *unipunctata* F. eingereiht ist, kann der Name *adusta* Kraatz erhalten bleiben.

Leptura adusta Kr. ist die über Ungarn (Pest, Hajós, Kalocza, Trencsin), Transsylvanien, die Dobrutscha (Tultscha, Hirsovo, Küstendje), das westliche Russland (Rowno) und Galizien (Tarnopol) verbreitete, sowohl in der Färbung als in der Zeichnung sehr veränderliche Art, die habituell besonders den südrussischen *bipunctata* F. sehr nahe steht, deren aus der Dobrutscha stammende Form von letzterer häufig kaum zu unterscheiden wäre, wenn nicht die einfache Bedornung der ♂ Hintertibien die spezifische Trennung ermöglichte.

Wie in der Originalbeschreibung hervorgehoben ist, zeichnet sich *adusta* durch schwach punktirtes, mehr rundliches Halsschild aus. Die Punktur ist wie bei *bipunctata* einfach, oft sehr zerstreut, dann der Prothorax besonders auf der Scheibe glänzend, oft, namentlich bei ungarischen Stücken sind die Punkte breiter, Nabelpunkten ähnlich, dann auch dichter, so dass das Halsschild matt erscheint. Die Grundfarbe der Flügeldecken wechselt von hell rötlich-gelbbraun (Ungarn, Galizien) bis tief braunrot (Dobrutscha). Solche dunkel gefärbte Stücke finden sich häufig in den Sammlungen als var. *saucia*. Die schwarze Zeichnung der Flügeldecken variirt ähnlich wie bei *bipunctata*. Wenn wir die von Dr. Kraatz besonders hervorgehobene Form mit schwarzem Mittelfleck und gegen Basis und Spitze verbreitertem Nahtstreifen als Grundform betrachten, so gelangen wir durch Reduction bezw. Ausbreitung des letzteren zu beiden Färbungsextremen, die, wie wir an dem von uns verglichenen, äusserst reichhaltigen Material beobachten konnten, durch eine ununterbrochene Reihe von Zwischenformen vermittelt werden. So finden sich nicht selten Exemplare, bei denen die Sutur nur sehr schmal dunkel gesäumt ist, die also der normal gefärbten *unipunctata* F. vollständig ähnlich sehen, andererseits verbreitert sich die dunkle Nahtfärbung zunächst meist an der Spitze so, dass das Apicalfünftel der ganzen Breite nach geschwärzt ist, gleichzeitig nimmt sie dann auch an der Basis an Ausdehnung zu, verdrängt allmählig die helle Grundfarbe bis auf eine grössere Randmakel mit schwarzem Diskoidalfleck, nimmt dann auch letzteren in sich auf und führt so, nachdem auch 2 sich länger erhaltende Lateralmakeln oder als deren Rest eine schmale rote Limballinie verschwunden ist, zum Schlussglied der Varietätenreihe, der einfärbig schwarzen Form. Solche vorherrschend oder ganz schwarze Stücke, aus Ungarn stammend, enthält das k. ungarische Nationalmuseum, ferner kennen wir 3 Exemplare aus Rowno in Wolhynien. Die Behaarung der Oberseite ist bei hell gefärbten Tieren überwiegend gelblich, bei dunkleren schwarzbraun bis schwarz. Die Unterseite ist ähnlich wie bei *bipunctata* F. meist glänzend, sehr fein punktirt und lang abstehend, jedoch in der Regel merklich steifer als bei dieser Art behaart. In der Form des Forceps und der Seitenklappen stimmen beide Species überein.

L. litigiosa Mulsant (Coléopt. d. France, 1862—63) wurde nach zwei aus Oesterreich stammenden, der normal gefärbten *saucia* sehr ähnlichen Lepturen beschrieben. Kopf und Thorax sei schwarz behaart, der dunkle Nahtstreifen sehr schmal, den umgebogenen Rand kaum überschreitend, vorn ein wenig, an der Spitze etwa bis zur Flügeldeckenmitte erweitert. Nach dem oben über die Variationsfähigkeit der *adusta* gesagten, unterliegt es keinem Zweifel, dass wir es hier mit dieser Art zu thun haben, zumal keine österreichische *Leptura* bekannt ist, auf die Mulsants Beschreibung besser passen würde. Das uns von Herrn Argod-Vallon freundlichst zur Ansicht übersandte Exemplar der *L. litigiosa* aus Godart's Sammlung, 1 ♀, bestätigt die eben ausgesprochene Vermutung. Dasselbe trägt indess die Fundortsbezeichnung „Dalmatic", entspricht aber im übrigen ganz den von Mulsant mitgeteilten Daten.

L. globicollis Desbrochers. (L'Abeille VII. 1870 p. 127.) Wir kennen 2 Stücke derselben, das eine (Coll. v. Heyden) = *adusta* Kr., das zweite in unserer Sammlung, von Desbrochers selbst erhalten = *unipunctata* F. ♂ Beide Siücke stammen aus der Dobrutscha und tragen den Fundort „Küstendje". Die Beschreibung ist indess nur auf *adusta* Kr. zu beziehen.

L. bipunctata (F.) Mulsant (Coléopt. de France 1862—63). Mulsant bezieht auf diese Art eine in Südfrankreich und Deutschland vorkommende Form, bei der die dunkle Färbung des umgebogenen Natrandes sich im Apicalsechstel und manchmal auch an der Basis verbreitert. Bei *unipunctata* aus Südfrankreich haben wir eine solche Abweichung noch nicht bemerkt. Dass die deutschen Stücke Mulsants auf *adusta* Kr. zu beziehen sind, ist nach den oben gemachten Angaben über die Verbreitung von *bipunctata* und *adusta* nicht zu bezweifeln. Weniger glaubwürdig erscheint jedoch das Vorkommen dieser Art in Südfrankreich. Wir können indess die Ausdehnung des Verbreitungsgebietes der L. *adusta* Kr. auf die provencalische Küste als auffallende, bisher ausser Mulsaut wohl von keiner Seite beobachtete Thatsache constatiren. Zur Unterstützung derselben erwähnen wir als von uns verglichene Belegstücke: 1 ♂ (Coll. Vauloger du Beaupré) aus St. Martin Lantosque (Département Var) und 1 ♀ (Coll. Baudi) aus Nizza. Beiden Exemplaren gemeinsam ist die lang abstehende, für *adusta* namentlich zum Unterschied von der westeuropäischen Form der *unipunctata* sehr characteristische Behaarung der Unterseite, insbesondere der Hinterschenkel und das glänzende, breitere, schwach punktirte Halsschild. Die Hinterschienen des ♂ sind einfach bedornt. Die Flügeldecken sind bei beiden vorliegenden Exemplaren einfärbig braunrot mit schwarzem Mittelfleck, nur der umgebogene Nahtsaum dunkel. Dass auch Stücke mit an der Basis und Spitze verbreiteter Suturalbinde, wie es die Mulsant'sche Beschreibung verlangt, in Südfrankreich sich finden, ist wohl bei der bereits betonten, grossen Veränderlichkeit dieser Art in der Zeichnung selbstverständlich.

L. Steveni Sperk (Bull. d. Moscou 1835 p. 158). Die Originalangaben beziehen sich auf eine aus Podolien stammende, vorherrschend schwarz gefärbte *Leptura* mit blutroter, halbmondförmiger Lateralmakel, die in der Mitte einen schwarzen Punkt trägt. Sofern das typische Stück nicht zu vergleichen ist, sind wir bei der Deutung dieser Art auf die vom Autor gemachten

Mitteilungen angewiesen. Da uns früher das Vorkommen von *adusta* im westlichen Russland nicht bekannt war, glaubten wir damals *Steveni* Spk. auf unsere oben erwähnten Nigrinos aus Jekaterinoslaw, also auf *bipunctata* F. beziehen zu müssen. Später erhielten wir indess reichhaltiges Material aus Tarnopol und Rowno, jedoch nur *adusta*, darunter ebenfalls ganz oder vorherrschend schwarze Stücke. Da nun in Podolien, als dem Uebergangsland zwischen dem südrussischen Steppenterrain und den westrussischen Sumpfgebieten, beide Arten wohl sicher vorkommen und nachgewiesenermassen jederseits schwarze, der Sperk'schen Diagnose entsprechende Individuen sich finden, so werden dadurch die beiden wichtigsten Daten derselben aus der Betrachtung eliminirt. Wäre in den Sammlungen nur eine Art als *Steveni* Sprk. vertreten, oder würden die Angaben der Litteratur die Annahme gestatten, dass sich im Laufe der Zeit eine bestimmte, eindeutige Auffassung bezüglich der Sperk'schen Art herausgebildet hat, so liesse sich ein solches Factum unter Umständen zu Gunsten der Priorität der betreffenden Art verwerten. Nun finden sich aber *adusta* Kr. und dunkel gefärbte *bipunctata* F. in allen Sammlungen vermischt unter dem gemeinsamen Namen *Steveni* Sperk, andererseits ist in der Litteratur eine Unterscheidung beider Formen nicht erkennbar, die Provenienzangaben sprechen sogar direkt für die Vermengung derselben. **Steveni Sperk hat sich also im Laufe der Jahre zu einer Mischart ausgebildet, deren von uns als selbständige Spezies hinreichend characterisirte Komponenten**, falls nicht durch die Vergleichung des typischen Exemplars die endgiltige Richtigstellung erfolgen kann, **diejenigen Namen zu tragen haben, unter denen sie zuerst sicher kenntlich beschrieben wurden. Diese sind aber:**

für das sibirisch-russische Tier: *bipunctata* Fabr.

für die ungarisch-galizische auch in Westrussland, der Dobrutscha und Südfrankreich vorkommende Art: *adusta* Kraatz.

Leptura imitatrix nob. nov. spec.

Picea, livido-pilosa, elytris testaceis, margine suturali angusto maculaque media piceis; thorace globoso, densissime punctato, punctis omnibus umbilicatis, plerumque sulco mediano distincto; elytris confertim punctatis, apice simul truncatis, segmento anali ♂ simplici, femoribus posticis breviter pilosis, tibiis posticis maris unispinosis. Long. 11—14 mill., lat. 3½—5 mill.

var.: Elytris maxima parte vel omnino nigris.

Pechbraun bis schwarz, Flügeldecken bei der Normalform

bräunlichgelb, ein schmaler, gegen das Schildchen etwas verbreiterter Natsaum und eine Medianmakel dunkel, doch ist die Ausbreitung der schwarzen Zeichnung ähnlichen Schwankungen unterworfen, wie bei *adusta* Kr., sie führt wie bei dieser im selben Sinn zur vollständigen Verdrängung der hellen Grundfarbe. Der ganze Körper ist gelblich, Kopf, Halsschild und Flügeldeckenbasis länger und mehr abstehend behaart.

Kopf und Halsschild sehr dicht mit Nabelpunkten besetzt, daher matt, letzteres kugelig, mit Basalquereindruck und meist scharf eingegrabener glatter Längsfurche. Fühler beim ♂ schlank, das Apicalviertel der Flügeldecken fast erreichend, beim ♀ kürzer und kräftiger. Die Flügeldecken sind kurz, gedrungen, der Länge nach stark gewölbt, beim ♂ ziemlich rasch nach rückwärts verengt, beim ♀ viel plumper, dicht gedrängt, hinter der Schulter grob punktirt, an der Spitze gemeinsam senkrecht zur Körperaxe fast geradlinig abgeschnitten, die Segmentränder also nicht nach vorn gegen die Naht convergirend, der Nahtwinkel fast rechtwinklig, öfter schwach zahnartig ausgezogen, der Aussenwinkel sehr stumpf oder ganz verrundet. Die ganze Unterseite ist dicht punktirt und ziemlich rauh abstehend behaart, das Analsegment des ♂ an der Spitze einfach gerade abgestutzt, vor derselben mit einem sehr flachen gegen den Vorderrand des Segments verschmälerten Eindruck. Beine kurz und kräftig, die Hinter- und Mittelschenkel gleichmässig anliegend behaart, Hintertibien des ♂ mit 1 Dorn, Hintertarsensohlen nur partiell bebürstet. Croatien, Dalmatien, Türkei.

Für die spezifische Abtrennung von *L. unipunctata* F. ist zunächst der Mangel des inneren Dorns an der Spitze der ♂ Hintertibien massgebend, ausserdem lässt der verhältnismässig gedrungene Bau diese Art in der Regel leicht erkennen. Die Punktirung der Flügeldecken ist bei *imitatrix* dichter, an den Seiten hinter der Schulter sehr grob, fast runzlig. Alle von uns verglichenen Stücke der neuen Art zeigen nur helle Behaarung, auch die einfärbig schwarzen Exemplare, so dass bei letzteren die rein schwarze Färbung nicht zur Geltung kommt, sondern durch ein mattes dunkelgrau mit gelblichem Stich verdrängt wird. Es unterscheidet sich daher die mit *imitatrix* gemeinsam vorkommende Dalmatiner *unipunctata* Varietät wegen der schwarzen Grundbehaarung und weitläufigeren Punktur ihrer Flügeldecken von ersterer durch stärkeren Glanz und bei den dunklen Formen durch reineres Tiefschwarz.

Die Normalform der eben beschriebenen Art findet sich in den Sammlungen vermengt mit *unipunctata* F., deren var. *occidentalis* nob., insbesondere die breiten, plumpen ♀♀, nicht geringe

Aehnlichkeit mit den ♀ ♀ unserer *imitatrix* besitzen. Die dunklen Formen sind fast allgemein als *Steveni var. saucia* verbreitet, in Gesellschaft nigriner *bipunctata-* und *adusta-*Varietäten und der schwarzen, oben erwähnten Dalmatiner Form der *unipunctata* F. Die in der Litteratur*) mehrfach vorkommenden Mitteilungen über eine von Stentz in Croatien gesammelte, hfg. ganz schwarze *Leptura* sind auf die vorliegende Art zu beziehen.

Leptura bisignata Brull., *moesiaca* nob. nov. spec. und *monostigmata* Gglbr.

Drei wenn auch nahe verwandte, so doch in ihren typischen Formen auf den ersten Blick erkennbare Arten aus Südosteuropa und Vorderasien. Ihre nicht geringe Veränderlichkeit in Grundfärbung und Zeichnung der Flügeldecken, Form und Grösse führt jedoch nicht selten zur Ausbildung solcher Formen, deren sichere Einreihung mit Schwierigkeiten verbunden ist, so dass damit das Auftreten von Uebergangsstücken festgestellt und die spezifische Verschiedenheit der in Frage stehenden Arten in Zweifel gezogen werden könnte und zwar mit um so grösserer Berechtigung, als dieselben ihrer geographischen Verbreitung nach ziemlich gut getrennt sind, somit ihre Erklärung als Localrassen von *bisignata* Brull. nahe läge. Eingehende Untersuchungen an reichlichem Material haben uns indess zu der Ueberzeugung geführt, dass eine derartige Zusammenziehung schwieriger zu begründen wäre als die beabsichtigte Trennung, dass vielmehr die bisher beobachteten differentiellen Charaktere in der That jenem Masse von Ansprüchen genügen, das zur Begründung der spezifischen Berechtigung nahe verwandter und variabler Arten gefordert wird. Es soll dies durch die im folgenden zunächst versuchte Präcisirung der Arten, sowie die sich daran schliessende, kurze vergleichende Besprechung derselben gezeigt werden.

Leptura bisignata Brull. (*grandicollis* Muls.) ist die bis zu 18 mm messende, über Attica, Thessalien und Morea (Taygetos, Hagios Wlassis) verbreitete, auch in Kleinasien (Amasia) vorkommende Art. Das Halsschild ist meist braun gefärbt, an den Seiten nur wenig gerundet, die Punktirung desselben ist dicht, oft stark gedrängt, die Punkte in der Mitte meist klein, fast einfach, selten zu flachen Nabelpunkten verbreitert. Die Flügeldecken sind beim ♂ sehr lang gestreckt, nach rückwärts allmählig, aber stark verengt, dicht und fein punktirt, dadurch mattglänzend. Be-

---
*) Miller, Wiener entom. Monatschrift, II. p. 385
Dr. Kraatz, Berliner ent. Zeitschrift 1859, p. 96.
Ganglbauer, Bestimmgs.-Tab. d. europ. Coleopt. VII p. 28.

baarung des Halsschilds und der Flügeldecken vorherrschend hell,
die Grundfärbung der letzteren ist veränderlich, sehr lebhaft, fast
rein gelb ist sie bei der Amasiner Form, bei den griechischen
Stücken geht sie durch Beimischung von Rot in ein oft unreines
Orangerot oder helles Rostrot über, die Spitze der Flügeldecken
ist in der Regel in grösserer oder geringerer Ausdehnung geschwärzt,
seltener mit dem übrigen Teil der Flügeldecken gleichfarbig. Der
Forceps ist vor der Spitze ziemlich lang ausgezogen, diese selbst
etwas verdickt, Seitenklappen messerförmig.

Leptura moesiaca nob. nov. spec.: *Nigra, elytris lacte
ochraceis seu croceis, margine suturali angusto, macula media et
plerumque parte quinta apicali nigris; thorace globoso, lateribus
fortiter rotundatis, dense punctato, nigro-piloso; elytris confertim et
subtiliter punctatis, basi pilis sat longis flavidis, reliqua parte
brevibus nigris vestitis, apice singulatim truncatis, angulis obtusis
vel rotundatis; segmento anali ♂ simplici, femoribus posticis breviter
pilosis, tibiis posticis maris unispinosis. Long. $9^{1}/_{2}-13$ mill., lat.
3—4 mill.*

Schwarz, Flügeldecken hell ockerfarbig bis crocusgelb, seltener
rötlichgelb, der Natsaum, ein Mittelfleck und das Apicalfünftel
in der Regel seiner ganzen Breite nach schwarz, die Spitzenmakel
fast stets mit scharf begrenztem Vorderrand, selten durch Ausbreitung der gelben Grundfarbe auf einen dunklen Anflug re-
duzirt.

Kopf mit flachen Nabelpunkten dicht besetzt und abstehend
schwach behaart. Fühler schlank, nicht gesägt, beim ♂ das
Apicalfünftel der Flügeldeckenlänge erreichend. Halsschild an
den Seiten stark gerundet, vor den Hinterwinkeln verhältnismässig
tief eingeschnürt, kugelig gewölbt, etwa in der Mitte am breitesten,
etwas unregelmässig, dicht punktirt, die Punkte auf dem Diskus
fast einfach, an den Seiten flacher und schärfer gerandet, Behaarung
lang abstehend, schwarz. Flügeldecken beim ♂ langgestreckt,
nach rückwärts ziemlich stark verengt, die Verengung auch bei den
plumperen ♀♀ etwas mehr ausgesprochen als bei den Verwandten;
die Punktur ist dicht und ziemlich fein, die Pubescenz im Basaldrittel lang abstehend, hell, der übrige Teil kurz und straff, schwarz
behaart. Die Spitze der Flügeldecken ist schief gegen die Nat
abgestutzt. Die Winkel sind teils verrundet, teils deutlich erhalten. Die Unterseite ist dicht punktirt, mit teils anliegender,
teils halbabstehender weisslichgrauer Behaarung, Analsegment des
♂ an der Spitze einfach gerade abgestutzt, mit sehr flachem Eindruck vor derselben. Beine kräftig, grösstenteils dunkel -,
Hinterschenkel kurz und gleichmässig behaart; Spitze der ♂ Hinter-

tibien nur einfach bedornt. Forceps vor der Spitze ziemlich rasch
verengt, an der Spitze nicht verdickt, Seitenklappen messerförmig.
Serbien (Zebe, Coll. Kraatz.) Türkei (k. ung. National-Museum),
Balkan, (von Frivaldsky, Coll. Baudi).

Der Körperform nach am ähnlichsten der *adusta* Kraatz,
deren am hellsten gefärbte Stücke den dunkleren *moesiaca* auch
sonst ziemlich nahe kommen, in der Grösse derselben im allgemeinen nachstehend, doch durch die kurze Behaarung der Unterseite, insbesondere der Hinterschenkel stets sicher zu unterscheiden.
L. moesiaca erinnert auch an die östliche Localrasse der *bipunctata* F.
doch ist eine Verwechslung beider Arten ausgeschlossen, die
Behaarung der Unterseite und die Bedornung der ♂ Hintertibien
ist für dieselben charakteristisch verschieden, auch dürften sich
die Unterschiede in der Punktirung des Halsschilds kaum verwischen. Die dunkle Zeichnung der *moesiaca* ist nach demselben
Schema angelegt wie bei *bisignata*, beschränkt sich also neben dem
Diskoidalfleck auf den umgebogenen Nahtsaum und eine Spitzenmakel und variirt nur in der grösseren oder geringeren Ausdehnung
der letzteren. Eine weitere Reduktion der Grundfarbe, ähnlich wie
es bei *unipunctata, bipunctata, adusta* und *imitatrix* beobachtet wird,
scheint bei *moesiaca* ebensowenig vorzukommen, wie bei *bisignata*
und der folgenden Art.

L. bipunctata (F.) Kraatz (Berliner entom. Zeitschrift 1859
p. 97) ist identisch mit der eben beschriebenen Art. Die uns
von Herrn Dr. Kraatz freundlichst mitgeteilten Zebe'schen
Stücke liegen der von uns entworfenen Beschreibung mit zu
Grunde.

Dasselbe gilt von zwei im k. k. naturhistorischen Hofmuseum in Wien als *Leptura monostigma* Parreys enthaltenen
Exemplaren.

Leptura monostigma Gglbr. (Bestmgs.-Tab. d. europ. Col.
VII. p. 28) ist die bisher hauptsächlich aus Amasia bekannt gewordene, mit *bisignata* Brullé verwandte Art, die von Mann dort
entdeckt und von Herrn August Korb 1888 in Mehrzahl gesammelt
wurde. Das Halsschild ist an den Seiten schwach gerundet, mit
groben Nabelpunkten, auf der Scheibe in der Regel etwas zerstreut
besetzt, dunkel abstehend behaart. Flügeldecken verhältnismässig
kurz, nach rückwärts nur allmählig und relativ schwach verengt,
namentlich an der Basis grob und nicht dicht punktirt, daher
ziemlich stark glänzend. Behaarung im Basaldrittel länger und
mehr aufgerichtet, hell, sonst halbanliegend, schwarz. Grundfarbe
der Flügeldecken in der Regel ein dunkles, stark rot gemischtes

Ockergelb, ein Mittelfleck schwarz, die Spitze bleibt in der Regel hell gefärbt, doch finden sich ausnahmsweise nebst Uebergängen Stücke mit schwarzem Apicalfünftel. Forceps und Seitenklappen wie bei *moesiaca* nob. gebildet. 13—16 mill. — Kleine, nur 11 mill. messende, aus Kleinasien stammende Exemplare des k. ung. Nationalmuseums stimmen mit ebenso grossen, türkischen Stücken der v. Heyden'schen Sammlung überein. Alle zeigen schwarze Flügeldeckenspitze.

L. bisignata Brull., durch die Gestalt des Forceps von den beiden andern Arten sicher zu unterscheiden, zeigt im allgemeinen die meisten Charaktere unserer *moesiaca*, die bedeutendere Grösse, das seitlich weniger gerundete Halsschild, sowie die helle Behaarung der Oberseite lassen sie indessen fast stets auf den ersten Blick mit Sicherheit erkennen. Die Verwandtschaft mit *monostigma* Gglb. ist bedeutend geringer, letztere ist kürzer gebaut, auf Halsschild und Flügeldecken gröber und weitläufiger punktirt, daher mehr glänzend, die Behaarung der Oberseite ist vorherrschend dunkel, gewöhnlich nur die längere Pubescenz an der Basis der Flügeldecken hell, diese an der Spitze schärfer abgestutzt und nur ausnahmsweise geschwärzt. *L. moesiaca* nob. und *monostigma* Gglb. stimmen bezüglich der Form des Forceps unter sich überein, erstere ist indess durchschnittlich von geringerer Grösse, das Halsschild ist mehr kugelförmig und besonders an den Seiten stärker gerundet erweitert, auch ist der Ton der Flügeldeckenfärbung ein hellerer. Im Uebrigen treffen alle eben zur Trennung von *monostigma* und *bisignata* erwähnten Merkmale auch für die Unterscheidung von *monostigma* und *moesiaca* zu.

Wir haben oben hervorgehoben, dass die eben besprochenen Arten ihrer geographischen Verbreitung nach im allgemeinen ziemlich gut getrennt sind. Es trifft diese Bemerkung jedoch nur bezüglich der Hauptbezirke für die einzelnen Arten zu, wobei nicht ausgeschlossen sein soll, dass sich diese an einzelnen Punkten berühren. Wie bereits mitgeteilt, finden sich bei Amasia *bisignata* Brull. und *monostigma* Gglb. neben einander und zwar in äusserst typischer Ausbildung ohne Spur von Uebergängen. **In diesem gemeinsamen Vorkommen unter Erhaltung der beiderseitigen specifischen Charaktere erblicken wir einen der wichtigsten Gründe für die Artrechte beider Formen.**

Verwandte der *Leptura fulva* Degeer.

Ebensowenig, wie für die mit *Leptura unipunctata* verwandten Arten, ist es uns hier gelungen, vollkommen befriedigende Anhaltspunkte zur Gruppencharakteristik zu gewinnen.

Die ♂ ♂ besitzen alle ein mehr oder weniger ausgezeichnetes Analsegment, teils tief und breit ausgeschnitten mit langen Lateralfortsätzen (*tonsa, fulva, hybrida*), oder weniger tief und breit, mehr winkelig ausgeschnitten mit kürzeren, weniger scharf abgesetzten, seitlichen Verlängerungen (*picticornis, excisipes*) oder einfach ausgerandet mit wenig oder nicht ausgezogenen Aussenwinkeln (*pallens, maculicornis, simplonica*). Diese verschiedenen Randbildungen sind in der Regel von gruben- oder furchenartigen Eindrücken begleitet, die bei den zuerst erwähnten Arten sehr tief und fast bis zum Vorderrande des Segments reichen, bei den übrigen schwächer ausgebildet oder nur angedeutet auftreten. Bemerkenswert ist fast für alle Angehörigen dieser Gruppe eine weitere Geschlechtsauszeichnung der ♂ ♂, indem bei denselben ein neben der tiefer eingegrabenen Mittelfurche des Metasternums gelegener, ungefähr dreieckiger Fleck dichter und im Gegensatz zu der gelblichweissen oder silbergrauen, dünneren Pubescenz des übrigen Teils der Hinterbrust schwarz, braun- oder fuchsrot behaart sich abhebt, die Umgebung der Mittelfurche ist bei den ♂ ♂ auch gedrängter punktirt. Bei den ♀ ♀ ist Behaarung und Punktirung auf dem Metasternum gleichmässig verteilt.

Uebersicht der Arten:

1″ Hintertibien der ♂ ♂ mit nur einem Enddorn, Innenseite derselben spärlicher mit längeren, mehr abstehenden Borsten besetzt.
2″ Hintertibien der ♂ ♂ gerade, etwa vom ersten Drittel ab einfach flach gedrückt, an der Innenseite geglättet und mit wenigen groben, beborsteten Punkten besetzt.
3″ Fühler einfärbig.
4″ Flügeldecken an der Basis besonders in der Umgebung der Schultern kurz behaart . . . . . *tonsa* nov. spec.
4′ Flügeldecken an der Basis in grösserer Ausdehnung länger abstehend behaart . . . . *fulva* Degeer.
3′ Die mittleren Fühlerglieder hell gefärbt, Basis der Flügeldecken mit abstehender Behaarung . *hybrida* Rey.
2′ Hintertibien der ♂ ♂ vom Basalviertel ab schwach einwärts, vom letzten Drittel ab wieder schwach auswärts gebogen, an der Innenseite fast der ganzen Länge nach mehr oder weniger tief ausgeschnitten, der Ausschnitt nach rückwärts durch eine scharfe Kante begrenzt. Mittlere Fühlerglieder mit gelber Basis.
5″ Hintertibien tiefausgeschnitten, fast muschelig ausgehöhlt. Schnittfläche grob und nicht besonders dicht punktirt

und dünn, abstehend beborstet. Flügeldecken blass bräunlichgelb, gedrängter, an den Seiten auch grober punktirt, glänzend gelb behaart, Behaarung an der Schulter ziemlich dicht und lang abstehend. Grössere Art ($11^1/_2$ — 12 mill.) aus dem cilicischen Taurus . . . . *excisipes* nov. spec.

5′ Hintertibien viel schwächer ausgeschnitten, Schnittfläche dichter punktirt und beborstet, Flügeldecken dunkler gelbbraun, schwächer und weniger dicht punktirt, vorherrschend schwarz-, an der Basis und Schulter nicht lang abstehend behaart. Kleinere Art ($8^1/_2$ — 11 mill.) aus Creta . . . . *picticornis* Rttr.

1′ Hintertibien der ♂ ♂ an der Spitze mit 2 Dornen. Innenseite derselben ebenso dicht punktirt und nur wenig länger beborstet wie die Aussenseite.

6″ Basis der Flügeldecken in grösserer Ausdehnung lang abstehend behaart. Flügeldecken einfärbig, mittlere Fühlerglieder nur ausnahmsweise und dann mit undeutlich hell gefärbter Basis. Grössere Art ($9^1/_2$ — 12 mill.) . . . . *pallens* Brull.

6′ Basis der Flügeldecken und Schultern kurz behaart, mittlere Fühlerglieder teilweise gelb, Flügeldeckenspitze und Epipleuren oft geschwärzt. Kleinere Arten (8— $10^1/_2$ mill.) . . . . *simplonica* Fairm.
maculicornis Deg.

Leptura tonsa nob. nov. spec.

Nigra, elytris apice excepto testaceis. Leptura fulvae Deg. affinis sed ab ea deficiente hirsutie in basi elytrorum tibiisque posticis ♂ plerumque magis dilatatis diversa, Long. 10—13 mill. lat. $3^1/_2$—5 mill.

var. *circassica*: *Elytris concoloribus testaceis, praesertim in parte basali fortius punctatis.*

L. *tonsa* ist mit *fulva* Deg. sehr nahe verwandt und unterscheidet sich von derselben fast nur durch den Mangel der länger abstehenden Behaarung an der Basis der Flügeldecken, insbesondere in der Umgebung der Schultern. Da die Art der Behaarung bei den Lepturen auch in andern Fällen sich sehr gut als specifisches Trennungsmerkmal verwerten liess, so zögern wir nicht, in Uebereinstimmung mit Herrn Ganglbauer die Scheidung von *fulva* und *tonsa* auf Grund der erwähnten Verschiedenheit in der Pubescenz durchzuführen. Bei den ♂ ♂ sind die Hintertibien meist etwas mehr breit gedrückt und die Haarflecken der Hinterbrust dichter, teils schwarz, teils braunrot.

Wir kennen von dieser Art eine Anzahl Stücke aus Georgien (Helenendorf: Wiener Hofmuseum) und dem transkaukasisch-persischen Grenzgebiet (Araxes Thal. Coll. Reitter), 2 Stücke aus dem cilicischen Taurus (Külek: ♂ Coll. v. Heyden, ♀ coll. nostr.), · 1 aus Beyrut und 2 aus Hyrcanien (Coll. Staudinger).

Leptura tonsa nob. findet sich in den Sammlungen öfters als *ustulata* Mén. eingereiht. Auch wir waren früher mit Herrn Ganglbauer geneigt, die Beschreibung Ménétriès' auf die kurz behaarte caucasische Verwandte der *fulva* zu beziehen, doch schliessen wir uns jetzt mit Ganglbauer der von Herrn Dr. v. Heyden vertretenen Auffassung der Ménétriès'schen Art an (Deutsche entom. Zeitschrift 1877 p. 421). Vergl pag. 12.

Eine im tscherkessischen Kaukasus (Utsch-Dere, Starck) einheimische Form der *L. tonsa* (var. *circassica* nob., var. *brachycnemis* Gglb. i. l.) unterscheidet sich von den transcaucasischen Stücken constant durch einfärbige und namentlich im Basalteil grober punktirte Flügeldecken. Die Frage, ob wir in derselben nur eine Form der *tonsa* nob. oder eine selbständige Art zu erblicken haben, können wir wegen zu geringen Materials vorläufig nicht entscheiden. (Vergl. pag. 12.)

Nach einer in der deutschen entomologischen Zeitschrift (1877 pag. 223) enthaltenen Notiz kommt *L. ustulata* Mén. bei Liegnitz vor. Auf Anfrage teilte uns Herr Lehrer Gerhardt in Liegnitz mit, dass jene Angabe auf einem Irrtume beruht.

Leptura excisipes nob. nov. spec.

♂; *nigra, flavido-pilosa elytris et basi articulorum 6—9 antennarum laete testaceis; thorace latitudine longiore, lateribus subrotundato, densissime punctato; elytris apicem versus sesim attenuatis, sat dense, parte basali fortius punctatis, apice singulatim truncatis, angulis obtusis, abdominis segmento anali apice profunde triangulariter exsculpto, tibiis posticis modice bisinuatis, intus late excisis ibidemque disperse punctatis et pilosis, apice unispinosis. Long. $11^{1}/_{2}$—12 mill., lat. $3^{1}/_{4}$ mill.*

♂. Schwarz, Flügeldecken und die Basis des 6.—8. Fühlergliedes blass bräunlichgelb, Klauen rötlich, Flügeldecken lebhaft, Halsschild, Kopf und Schenkel blasser gelblich, Unterseite fast silbergrau behaart, die Pubescenz der Schläfen, des Halsschilds,

der Flügeldeckenbasis, sowie der Brust und des Pygidiums länger
und mehr abstehend. Kopf dicht mit flachen Nabelpunkten besetzt, dadurch fast
netzartig sculptirt, Scheitel ziemlich flach gegen den Hals abfallend ohne scharfe Querfurche. Fühler schlank, die Flügeldeckenspitze fast erreichend, die mittleren Gieder kaum gesägt.
Halsschild beträchtlich länger als breit, wie der Kopf punktirt,
seitlich mässig gerundet, vor der Basis mit einem ziemlich seichten
Quereindruck, diese in der Mitte nach rückwärts vorgezogen, beiderseits derselben leicht ausgebuchtet, Hinterwinkel stumpf. Flügeldecken von der Schulter ab gegen die Spitze gleichmässig und
allmählig verengt, der Länge nach sanft gewölbt, ziemlich dicht,
im Basalteil etwas grob punktirt, Spitze schief abgeschnitten mit
stumpfem Naht- und Aussenwinkel. Brust und Abdomen dicht
punktirt, Analsegment an der Spitze tief dreieckig ausgeschnitten,
die Ränder des Ausschnitts dicht rötlichgelb behaart. Beine
ziemlich kurz, Hintertibien vom ersten Viertel ab schwach einwärts, vom Apicaldrittel ab wieder schwach nach Auswärts gebogen, fast der ganzen Länge nach tief ausgeschnitten, fast
muschelig ausgehöhlt, der Ausschnitt ist nach rückwärts scharfkantig begrenzt, grob und etwas zerstreut punktirt und dünn,
ziemlich lang abstehend beborstet. Die Hinterschienen einfach
bedornt.

2 ♂♂ dieser interessanten Art in unserer Sammlung. Sie
wurden von unserm Freund Max Korb am 28. Juni 1886 bei
Külek im cilicischen Taurus gesammelt.

Wegen der eigenartigen Bildung der ♂ Hinterschienen steht
die neue Art der *L. picticornis* Reitter am nächsten und unterscheidet sich von derselben durch bedeutendere Grösse, gestrecktere
Gestalt, hellere Färbung, gelbe, an der Basis längere Behaarung
der Flügeldecken und insbesondere durch viel stärker ausgeschnittene,
auf der Schnittfläche weniger dicht punktirte und länger beborstete
♂ Hintertibien.

Leptura picticornis Reitter.

Die Artrechte derselben wurden bereits ernstlich in Zweifel
gezogen, in Marseul's „Catalogue des Coleoptères de l'ancien monde"
1889 finden wir sie mit *pallens* Brullé vereinigt. Wie aus der
Uebersichtstafel für die Arten der *fulva* Gruppe hervorgeht, unterscheidet sich *picticornis* und *pallens* scharf durch die verschiedene
Ausbildung der ♂ Hintertibien und deren Bedornung. Ausserdem
ist *picticornis* kleiner, im allgemeinen dunkler gefärbt, auf den

Flügeldecken nur kurz behaart und feiner, dichter punktirt. Auf die Unterschiede in der Ausrandung des ♂ Analsegments wurde bereits von Herrn Reitter aufmerksam gemacht. *L. picticornis* ist unseres Wissens nur auf Creta und Griechenland beschränkt, *pallens* verbreitet sich über Griechenland, die ganze Türkei, Serbien, die Herzegowina, Bosnien, Croatien und Südungarn (Mehadia).

Leptura simplonica Fairm. und *maculicornis* Deg.

In der Revue d'Entomologie (1885 p. 324) bespricht Rey ausführlich die Unterscheidung beider Formen. Leider scheinen die angegebenen Trennungsmerkmale bei Vergleichung reichlichen Materials ihrem Zweck nicht genügen zu können Im Allgemeinen trifft indess die Angabe zu, dass bei *simplonica* die Beine und Fühler robuster, die Hinterschienen nur an ihrer Basis, bei *maculicornis* vom ersten Drittel ab verengt und die schwarzen sammtartigen Hinterbrustbürsten grösser und deutlicher erkennbar sind. Vergl. auch pag. 12.

Leptura hybrida Rey hat je nach dem Geschlecht verschieden ausgebildete und bedornte Hintertibien und tief der Länge nach ausgehöhltes, an der Spitze breit ausgeschnittenes, mit langen Lateralfortsätzen versehenes ♂ Analsegment. Sie ist infolge dessen eine der *fulva* Deg. näher stehende Art und besitzt mit *maculicornis* Deg. mit der sie bisher verglichen wurde, verhältnismässig wenig Verwandtschaft.

Leptura pallidipennis Tournier.

Eine noch ungedeutete Art. Sie ist aus der Ratscha (Elbrus-Gebiet) beschrieben (Revue et Mag. de Zoologie 1872 p. 346) und wird zunächst mit *tesserula* Charp. verglichen, der sie in der Form vollkommen ähnlich ist, die Flügeldecken sind indessen einfärbig und besitzen feinere und gedrängtere Punktur, das ♂ ist auch gestreckter und besitzt längere Fühler.

Die typische *tesserula* ist im Kaukasusgebiet mit sporadischem Auftreten der ungefleckten var. *impunctata* Heyd. weit verbreitet, doch zeigen sich kaum wesentliche Abänderungen in der Punktur und Form. Nur ein ♀ (Coll. Rost-Berlin) aus dem Nakerala-Gebirg, welches die Grenze zwischen der Ratscha und Imeretien bildet, ist insofern auffallend, als die Flügeldeckenspitze nicht geschwärzt ist, während die Scheibe einen ziemlich kleinen schwarzen Punkt trägt. Da man nun bei *tesserula* Ch. stets zuerst das Verschwinden der Medianmakel bemerkt, während die Spitze gefleckt bleibt, so ist es jedenfalls charakteristisch, dass bei dem vorliegenden Exemplar die Reduktion der dunkeln Zeichnung im umgekehrten Sinn sich vollzieht. Die verhältnismässig geringe Ausdehnung des Diskoidalflecks legt die Möglichkeit sehr nahe, dass Stücke mit ganz einfärbigen Flügeldecken sich finden, welche dann was Färbung und Form betrifft, der Tournier'schen Diagnose entsprechen würden. Die Punktirung der Flügeldecken ist allerdings nicht feiner und dichter als bei kaukasischen, dagegen entschieden schwächer, wenn auch nicht dichter als bei vielen österreichischen, besonders grob punktirten Stücken der *tesserula*. Erwähnenswert, vielleicht characteristisch für die Form vom Nakerala-Gebirg erscheint uns die braune Grundfarbe des Körpers, der gelbbraune Ton der Flügeldecken und die ausschliesslich helle Behaarung des ganzen Körpers (wie sie auch das Tournier'sche Tier besitzen soll), welch' letztere auf dem Halsschild eine schärfere Differenzirung in eine kürzere, mehr anliegende, auch etwas weichere und eine längere, mehr abstehende erkennen lässt. Der bei *tesserula* angenfällige, scharfe Contrast der tiefschwarzen Grundfärbung mit dem hellen, gelbgemischten Ton der Fügeldecken ist daher bei unserem ♀ ein stark gedämpft und verleiht demselben ein von *tesserula* wesentlich verschiedenes Aussehen.

Es läge nahe, pallidipennis auf unsere *L. tonsa var. circassica* zu beziehen, die allerdings was Färbung und Punktirung betrifft, der Tournier'schen Beschreibung entspricht. Da indessen in derselben ausdrücklich auf die Verwandtschaft mit *tesserula* hingewiesen und bei der Vergleichung mit *fulva* die Formverschiedenheit besonders betont wird, so scheint uns, da in der That der Habitus der mit *fulva* verwandten Arten von dem der *tesserula* ganz erheblich abweicht, diese Angabe allein schon gegen die Identität mit unserer *circassica* zu sprechen. Noch grössere Bedeutung dürfen wir den Daten Tournier's über die Form des ♂ Analsegments beilegen, das „bei *pallidipennis* an der Spitze einfach ausgeschnitten, während dasselbe bei *fulva* beiderseits in Form einer fransig behaarten Spitze verlängert ist". Unsere *tonsa* und *circassica* ♂ ♂ stimmen in dieser Beziehung ausnahmslos mit *fulva* überein, das Analsegment der *tesserula* ♂ ist breit ausgeschnitten und an den Seiten nur stumpf vorgezogen. Mit Rücksicht auf die Form des letzten Abdominalsegments könnte auch *pallens* Brull. in Betracht gezogen werden, dagegen spricht jedoch die von Tournier ausdrücklich hervorgehobene kurze Behaarung der Flügeldecken, auch dürfte pallens kaum im Kaukasusgebiet sich finden.

Trotz der guten Beschreibung Tournier's ist es nicht möglich, *pallidipennis* sicher zu deuten, da Angaben über einige wesentliche Merkmale, so über die Bildung der ♂ Hintertibien und die Zahl ihrer Spitzendornen nicht vorliegen. Soll sie auf eine andere bereits beschriebene Art bezogen werden, so stossen wir in jedem Fall auf Widersprüche. Am meisten Wahrscheinlichkeit gewinnt noch die vorläufige Substituirung der *tesserula*-Form vom Nakerala-Gebirg, da durch diese Annahme, abgesehen von dem auch bei normalen *tesserula* etwas schwankenden Punktirungsunterschied, die Forderungen der Originalbeschreibung am ehesten erfüllt werden, wobei wir der Uebereinstimmung in der Provenienz ein besonderes Gewicht beilegen zu müssen glauben

Leptura livida Fabr.

Wie bereits erwähnt, zeichnet sich *Leptura livida* F. durch das Auftreten einer eigentümlichen Geschlechtsauszeichnung der ♂♂ aus, je eine scharf markirte, kielförmige Längserhabenheit beiderseits des glänzend glatten, nur durch die Medianfurche geteilten Mittelfeldes der Hinterbrust. Da bei den mit *L. fulva* Deg. verwandten Arten analoge Bildungen in Form von Haarbürsten beobachtet werden, so besprechen wir *livida* hier im Anschluss an die eben behandelte Gruppe. Auch das an der Spitze scharf eingedrückte Analsegment des ♂ deutet auf die Abtrennung von den *Vadonien*, ebenso die beim ♂ an der Innenseite, wenn auch nur sehr flach ausgeschnittenen Hintertibien. Letztere sind in beiden Geschlechtern an der Spitze doppelt bedornt.

Leptura livida F. variirt beträchtlich in der Art der Behaarung. Wir wurden auf solche Verschiedenheiten zuerst bei Vergleichung unserer Sammlungsstücke aus München und Südtirol (Bozen) aufmerksam. Bei der Münchner Form ist das Halsschild radial abstehend, ziemlich lang und etwas ungleichmässig behaart, bei den Bozener Exemplaren ist die Pubescenz des Vorderrückens constant kürzer, gleichmässiger und dichter, characteristisch in der Weise geordnet, als ob die Haare beiderseits von aussen gegen die Mitte gekämmt wären. Die Behaarung ist daher nicht radial abstehend, sondern seitlich nach aufwärts, auf der Wölbung gegen die Mitte gerichtet. Ausserdem ist die Münchner Form auf den Flügeldecken stets heller, blass gelblichbraun, die Bozener Form dunkler rotbraun gefärbt. Es darf als ausgeschlossen betrachtet werden, dass diese Verschiedenheit auf Witterungs- oder sonstige äussere Einflüsse zurückzuführen sei. Unsere Münchner Stücke, zu verschiedener Jahreszeit und an getrennten Standplätzen gesammelt, sind stets typisch in der angedeuteten Weise ausgebildet, ebenso wie alle an uns bekannt gewordenen, aus München stammenden Exemplare. Dasselbe gilt von der Bozener Form. Wir haben dort zu sehr verschiedener Jahreszeit gesammelt und nie auf dem Halsschild lang behaarte Stücke angetroffen.

Bezüglich der Verbreitung beider erwähnter Formen können wir vorläufig folgendes mitteilen: Vollständig mit *L. livida* aus der Münchner Gegend übereinstimmend sind eine Reihe von Exemplaren aus Frankfurt und Schierke am Harz (Coll. v. Heyden), ferner 1 von uns bei Wolfsberg in Kärnthen gesammeltes ♂, ebenso eine Reihe von Stücken aus Settari's Doublettenmaterial, wahrscheinlich aus der Meraner Gegend stammend. Die auf dem Halsschild kurz behaarte Form sammelten wir ausser bei Bozen in der Umgebung von Digne (Basses-Alpes). Sie findet sich auch in Italien (Piemont, - ♂ vom Lago maggiore mit rötlichem Abdomen, Coll. Baudi; Lugano, Rom: Coll. Strasser-München) Spanien (Albas: Coll. v. Heyden; Sierra Nevada: Coll. Baudi, Cuenca: Korb) Kleinasien (Pontus: Wiener Hofmuseum), dem Kaukasus (♂ ♀, Achalzich und Perival [Armenien, Korb] in unserer Sammlung, beide mit lebhaft roten Beinen und Ventralsegmenten, ebenso einige von Herrn Reitter erhaltene, schwarzbeinige Stücke, die ♀ ♀ mit rotem Abdomen) und in Sibirien (Irkutsk, Jakowleff: Wiener Hofmuseum, Sibérie: Coll. Pic.)

Eine dritte, auf dem Halsschild und zum Teil auch auf den Flügeldecken und der Unterseite sehr lang und rauh behaarte Form scheint ausschliesslich dem Osten anzugehören. Sehr typische Stücke enthält das Wiener Hofmuseum aus dem Bozdagh und von Tultscha in der Dobrutscha, die ♀ ♀ haben schwarzes Abdomen. Nach einem ♀ mit hellroten Ventralsegmenten und ebenso gefärbten Beinen beabsichtigt Herr Pic eine var. *Desbrochersi* zu beschreiben.*) Es stammt aus Bitlis. Eine von Korb bei Külek gesammelte, schwarzbeinige Form ist ebenfalls hieher zu stellen, doch sind die Stücke in der Behaarung nicht so typisch, wie die erwähnten Exemplare der Wiener Musealsammlung. Die ♀ ♀ haben rotes Abdomen.

Es ist uns vorläufig nicht möglich, sicher festzustellen, ob die eben besprochenen Formen als solche oder als selbständige Arten aufzufassen sind. Wir betrachten vorläufig, bis genügend Anhaltspunkte zur Lösung dieser Frage vorliegen, als *livida*-Stammform unsere deutsche, auf dem Halsschild radial abstehend behaarte Art und vereinigen mit derselben als Rassen die Form mit gekämmt-geordneter, kürzerer

---

*) Inzwischen veröffentlicht: Annales d. l. soc. ent. do France, 1891, Bull. XVI.

Thoraxbehaarung (var *pecta* nob.*)) und die rauhaarige, östliche *Desbrochersi* Pic. Ob, resp. welche der beiden Abarten mit *bicarinata* zusammenfällt, ist ohne Vergleich der Arnold'schen Originalstücke nicht leicht zu entscheiden, da bei beiden hier in Betracht kommenden Formen ♀ ♀ mit rotem Abdomen sich finden. *L. bicarinata* ist aus Mohilew in Bessarabien beschrieben.

Catalog.

Verwandte der *Leptura unipunctata* F.

Oblongomaculata Buq. Ann. Fr. 1840. 296 Alg., Marocco, Sard.
  v. *tangeriana* Tourn. Pet. nouv. ent.
    1875, 475 . . . . Tanger.
  v. *maroccana* Heyd. D. ent. Z. 1886, 84 . Tanger.
  tangeriana Heyden olim. D. ent. Z.
    1881, 252.
trisignata Fairm. Ann. Fr. 1852, 92 . . . Hi., Lu , Ga. m.
  rufa Muls. Col. Fr. Longic. ed. I. 1839, 269 Ga. m.
  semirufula Kr. D. ent. Z. 1880, 376 . Hi. c.
erythroptera Hag. Symb. Fn. Helv. 1822 . E. md., T., Ca., As min.
  rufipennis Muls. col. Fr. Long. ed. I. 272.
rufa Brull. Exp. Morée 1832, 263 . . . . J., Gr., T., As. min., Syr.,
  Kraatz D. ent. Z. 1880, 376.   Arm., Pers.
  Silbermanni Lef. Silb. Rev. ent. 1835.
    III., 303 . . . . Libanon, Antiochia.
excelsa Costa Nuov. stud. col. ult. 1863, 25 J.
nigropicta Frm. Ann. Fr. 1866, 278 . Taurus.
  v. *attaliensis* Daniel Col. Stud. I. 1891, 11 As. min. (Adalia).
Heydeni Gglb. Mars. Cat. col. 1889, 469 . T. As. min. (Taurus), Hyr-
  ustulata Mén. Cat. rais. 1832, 231 .. . Ca.   [cania.
  Heyden D. ent. Z. 1877, 421.
ciliciensis Daniel Col. Stud. I. 1891, 13 . . As. min. (Taurus).
bitlisiensis Chevr. Ann. Fr. 1882, 59 . . . Armenia (Bitlis, Kasiko-
  cribricollis Pic. L'Echange 1889 Nr. 51.   [poran).
bistigmata Pic., Ann. Fr. 1889, Bull.
  CLXXVI.
instigmata Pic., Ann. Fr. 1889, Bull. CLXXVI Armenia (Bitlis).

---

*) Als typisch betrachten wir vorläufig bis zum Abschluss unserer Untersuchungen die erwähnte Südtiroler Form mit in beiden Geschlechtern dunklem Abdomen und ebenso gefärbten Schenkeln. Tibien und Tarsen sind ganz oder zum Teil gelbbraun.

bicolor Redtb. Denkschrift. Wien. Ac. I.
    1850, 50 . . . . , ... Persia (Schiraz).
  Türki Heyd. Schneid. & Lcd., Faun.
    col. Cauc. 1878, 326 . . . . Persia (Astrabad).
unipunctata F. Mant. Ins. 1787, 157 . . . E. md. et m., As. min., Ca.
  v. occidentalis Daniel Col. Stud. I. 1891, 17 Hi. c., Marocco, Pyr. or.
hirsuta Daniel Col. Stud. I. 1891, 18 . . . Dobrutscha (Hirsovo).
bipunctata F. Spec. Ins. 1781, 245 . . . . Sib., Hyrcania, Ru. m. et or.
    Daniel Col. Stud. I. 1891, 19
  Fischeri Zoubk. Bull. d. Moscou 1829, 268 Ru. m. or.
  ? *Steveni* Spk. Bull. d. Moscou 1835, 158 Podolia.
  saucia Muls.-God. Ann. Lyon. 1855, 282 . Crimea.
  laterimaculata Motsch. Bull. d. Moscou
    1875, 142 . . . . Crimea.
adusta Kr. Berl. ent. Z. 1859, 79 . . . . Hu, Galiz., Ru. occ., Do-
    Daniel Col. Stud. I. 1891, 21.   brutscha, Ga. m.
  ? *Steveni* Spk. Bull. d. Moscou 1835, 158 Podolia.
  bipunctata (F.) Muls. Col. Fr. 1862 . . Ga. m.
  litigiosa Muls. Col. Fr. Long. 1862, 564 . Austria.
  globicollis Desbr. L'Abeille VII. 1870, 127 Dobrutscha.
imitatrix Daniel Col. Stud. I. 1891, 24 . . Croatia, Dalm., T.
  saucia (Muls) Gglb. Best. T. d. europ. Col.
    VII., 28.
bisignata Brull. Expéd. Morée III. 1832, 264 Gr., T., As. min.
  grandicollis Muls. Ann. Lyon. 1863, 182.
moesiaca Daniel Col. Stud. I 1891, 27 . . Serbia T.
  bipunctata Kr. Berl. ent. Z. 1859, 97.
  monostigma Parr. i. l.
monostigma Gglb. Best. Tab. d. eur. Col.
    VII., 28 . . . . As. min. (Amasia).

Verwandte der *Leptura fulva* Deg.

tonsa Daniel Col. Stud. I. 1891. 31 . . . . . Ca., Taurus, Syria, Hyrc.
  v. circassica Daniel Col. Stud. I. 1891, 31. Ca. occ.
fulva Deg. Mém. V. 1775, 136 . . . . . E.
  tomentosa F. Ent. syst. I. 2. 340.
  ustulata Laich. Tyr. Ins. II. 157.
hybrida Rey Rev. d'Ent. IV. 1885, 277 . Alp. occ., Ped., Pyr.
excisipes Daniel Col. Stud. I. 1891, 32 . . Taurus.
picticornis Reitter D. ent. Z. 1885, 390 . . Creta, Gr.
pallens Brull. Exp. Morée III. 264 . . . . Gr., T., Serbia, Cro., Hu. m.

simplonica Frm. Rev. d'Ent. IV. 1885, 317 . Alp. occ.
maculicornis Deg. Ins. V. 1775, 139 . . . E. md. et bor.

*

livida F. Gen. Ins. Mant. 233 . . . . . . E. med.
 v. bicarinata Arnold Hor. Soc. 1869, 137 Ru. m.
 v. pecta Daniel Col. Stud. I. 1891, 37 . E. m. et occ.
 v. Desbrochersi Pic. Ann. Fr. 1891, Buil.
 XVI . . . . Armenia (Bitlis), Taurus, Dobrutscha.

In Folge einer Privatmitteilung unsererseits waren Herrn Reitter, der die Bearbeitung der Cerambyciden für die neue Auflage des „Catalogus Coleopt. Europ. et. Caucasi" übernommen hatte, die vorstehend mitgeteilten Resultate bekannt und fanden dort, soweit sie für den Catalog von Bedeutung waren, — in Folge eines Missverständnisses allerdings gegen unseren Willen — Aufnahme. Die zum Teil wesentlichen Abweichungen von unserer Darstellung, über die Herr Reitter informirt war, entsprechen seinen eigenen Anschauungen.

II.
Beiträge zur Kenntnis der Gattung *Nebria* Latr.

1. Vier neue Arten aus Piemont und den Abruzzen.

Nebria microcephala nobis nov. spec.: *Picea, mandibulis, palpis, antennis pedibusque rufis; capite parvo, oculis sat prominulis, antennis gracilibus, fronte postice juxta marginem interiorem oculorum et articulo primo antennarum extus puncto unico setigero instructis, thorace ante medium maxime dilatato, antice posticeque fere aequaliter angustato, lateribus rotundato, ante basin distincte sinuato, juxta marginem lateralem vix deplanato et ante medium seta unica, rarius duabus setigeris instructo, angulis anticis non vel vix productis, posticis acutis, leviter prominulis, impressionibus basalibus fortiter, prosterno praesertim medio marginem anticum versus crasse punctatis, processu prosternali apice plerumque subtiliter sed distincte marginato; elytris ellipticis, apicem versus non vel leviter dilatatis, humeris distinctis, margine basali recto, extus non reflexo, striis profundis, minus dense, sed acute punctatis, interstitiis convexis, internis saepe cariniformibus, tertio foveolis setigeris 3—4 instructo, stria scutellari distincta, carina apicali obtusa vel nulla; episternis meso- et metathoracis lateribusque segmenti primi et secundi ventralis fortiter punctatis; coxis posticis juxta marginem anticum puncto unico, segmentis ventralibus 3—5 utrinque medio 1—2, anali in mare 2, in femina 2—3 punctis setigeris; pedibus gracilibus, tarsis superne calvis, tarsorum posticorum articulis apice recte truncatis; aptera. Long. 8—10 mill., lat. $2^3/_4$—$3^3/_4$ mill.*

Pechbraun, Mandibeln, Palpen, Fühler und Beine rötlich.
Kopf klein, mit ziemlich vortretenden Augen, zwischen denselben zwei meist undeutliche, oft ganz fehlende Stirngrübchen. **Fühler** schlank, beim ♂ die Flügeldeckenmitte etwas überragend, beim ♀ dieselbe fast erreichend. Stirn rückwärts neben dem Innenrand der Augen und Aussenseite des ersten Fühlergliedes

mit einem Borstenpunkt. Halsschild etwas vor der Mitte am breitesten, nach vorn meist ebenso stark verengt als nach rückwärts, an den Seiten verhältnismässig schwach gerundet, am Vorderrand sehr wenig ausgeschnitten, der Quereindruck hinter demselben meist flach, in der Regel nicht punktirt, seltener an den Seiten mit einigen groben Punkten. Der Seitenrand schliesst sich fast unmittelbar an die Thoraxwölbung an, so dass nur ein ganz schmaler, abgesetzter Streifen neben dem umgebogenen Rand erhalten bleibt, der sich gegen die Vorderwinkel, die normal mehr oder weniger an den Hals angezogen sind, nicht oder nur dann wenig verbreitert, wenn diese etwas, wenn auch nur schwach vertreten. Der Seitenrand, der vor der Mitte 1 (—2) Marginalborste trägt, ist vor der Basis fast stets deutlich ausgeschweift, diese breit ausgeschnitten, der Hinterrand besonders an den Seiten ziemlich stark nach rückwärts gebogen, die Winkel daher spitz und meist etwas nach auswärts gerichtet. Die Basaleindrücke sind vorherrschend grob und scharf, seltener runzlig punktirt. Prosternum namentlich gegen den Vorderrand zerstreut kräftig punktirt, Prosternalfortsatz an der Spitze in der Regel deutlich fein gerandet, seltener undeutlich oder nicht gerandet. Flügeldecken elliptisch, nach rückwärts meist nur schwach erweitert und ziemlich allmählig vom zweiten Drittel ab verengt, nach vorwärts bei den ♂ ♂ bis zu den Schultern fast gleichbreit, bei den ♀ ♀ leicht zusammengezogen, die Schultern selbst, insbesondere bei den ♂ ♂ sehr ausgesprochen, bei den ♀ ♀ etwas mehr verrundet. Basalrand gerade, nach aussen nicht aufgebogen. Streifen, besonders die inneren tief, mit scharfer, nicht sehr dichter Punktirung, die äusseren seicht, fein punktirt. Die inneren Zwischenräume stark convex, oft fast kielförmig, die äusseren flach. Skutellarstreifen normal, arf oder neben dem dritten Streifen 2—3 borstentragende Grübchen. Ein Apicalkiel ist nicht ausgebildet oder nur durch eine schwielenartige Erhabenheit angedeutet. Episternen der Mittel- und Hinterbrust und die Seiten des ersten und zweiten Ventralsegments grob punktirt. Hinterhüften neben dem Vorderrand mit 1, drittes bis fünftes Ventralsegment jederseits der Mitte mit 1, nicht selten einzelne Segmente einseitig oder auch beiderseits mit 2, Analsegment beim ♂ mit 2, beim ♀ mit 2—3 borstentragenden Punkten. Beine schlank, Tarsen auf der Oberseite kahl, die einzelnen Glieder an der Spitze gerade abgeschnitten, die Vordertarsen der ♂ ♂ schlank. Ungeflügelt.

Wir sammelten diese Art Ende Juli und Anfangs August 1890 im Val Pesio in den ligurischen Alpen an Schneerändern. Ein Exemplar aus Saint Martin Lantosque (Département Var) in den Seealpen von Herrn Pic-Digoin eingesandt.

Nebria microcephala nob., habituell einer kleinen, schlanken *lombarda* nob. ähnlich, ist eine Verwandte der *Nebria angusticollis* Bonelli. Hiefür spricht zunächst die bei beiden Arten analoge Ausbildung des Halsschildseitenrandes und der Vorderecken des Halsschildes. Wir bemerken ferner, dass sie, was ihre verticale Verbreitung betrifft, sich vollkommen gleich verhalten. Sie finden sich vorzugsweise an den Rändern der am höchsten gelegenen Schneefelder als letzte und einzige Reste einer reichen Coleopteren-Fauna, nachdem auch *Nebria castanea* und *laticollis*, die sie am längsten begleiten, ihre Höhengrenze viel früher erreicht haben. Diese auffallende Uebereinstimmung in den äusseren Lebensbedingungen führt uns unwillkürlich zu der Ueberzeugung, in *N. microcephala* die Vertreterin der *angusticollis* in den ligurischen Alpen zu erblicken. Die Unterscheidung beider Arten gelingt in der Regel ohne Schwierigkeit. Bei *microcephala* bemerken wir weder die für *angusticollis* so charakteristische Verengung der Flügeldecken gegen die Schultern, die insbesondere bei den ♀♀ auftretende seitliche Ausschweifung der Flügeldecken im Basaldrittel, noch die auffallend gestreckte Form des Halsschildes. Es geht dadurch der der *angusticollis* eigentümliche Gesammteindruck vollständig verloren, es resultirt vielmehr eine Form vom Typus der mit *castanea* verwandten Arten mit beträchtlicherer Schulterbreite und wenn auch bei den ♂♂ schlankerem, doch immerhin nicht auffallend schmalem Halsschild. Bei *microcephala* sind die Hinterwinkel des Halsschilds mehr spitz, etwas nach auswärts gerichtet oder nach rückwärts schwach vorgezogen, bei *angusticollis*, mit fast geradliniger oder doch nur schwach ausgeschnittener Halsschildbasis und nicht oder nur unbedeutend ausgeschweiftem Seitenrand, mehr rechtwinklig. Ausserdem unterscheidet sich *angusticollis* von *microcephala* durch in der Regel stärkere Punktirung der Flügeldeckenstreifen, constant reichlichere Beborstung der Ventralsegmente und an der Spitze nur ausnahmsweise und dann meist sehr fein gerandeten Prosternalfortsatz.

Die vorliegende Art scheint bisher in den deutschen Sammlungen kaum vertreten gewesen zu sein. In Baudi's und einigen französischen Collectionen fanden wir sie unter dem Namen *angustata* Dej. eingereiht. Nach Herrn Baudi's Mitteilung sind auch 4 im k. naturhistorischen Museum zu Turin befindliche, ebenfalls als *angustata* bezeichnete Nebrien identisch mit *microcephala* nob.

Nebria morula nobis nov. spec.: Nigra, fronte maculis duabus plane separatis, palpis, femorum basi trochanteribusque rufobrunneis; capite lato, plano, pone oculos valde prominentes transverse impresso et vix angustato, fronte postice juxta marginem in teriorem oculorum et articulo primo antennarum extus puncto unico setigero instructis; thorace cordiformi lateribus valde rotundatis, parte quinta basali angulatim discreta, impressionibus profundis, non vel vix punctatis, margine laterali ante medium seta unica instructo; prosterno disperse, marginem anticum versus densius crasse punctato, processu prosternali apice immarginato; elytris brevibus, ellipticis, convexis, lateribus valde rotundatis, margine basali extus fortiter reflexo, humeris dentatis, striis profundis, non aut vix punctatis, interstitiis sat convexis, tertio foveolis setigeris 3—4 instructo, octavo plerumque longitudinaliter sulcato, stria scutellari distincta, carina apicali acuta; episternis meso- et metathoracis disperse punctatis, coxis posticis juxta marginem anticum puncto unico, segmentis ventralibus 3—5 medio utrinque tribus vel quatuor, anali in mare unico, in femina duobus punctis setigeris; pedibus brevibus, tarsis superne calvis, anticis marium perspicue dilatatis, articulis 2—3 transversis, tarsorum posticorum articulo quarto subtus conico; aptera. — Long. $7^3/4$—$8^1/2$ mill. lat. $3^1/4$—$3^1/2$ mill.

Nebria morula nob. ist zunächst mit laticollis Dej. und delphinensis nob. verwandt, mit denen sie neben den Gruppencharakteren *) die Färbung, die Beborstung des Kopfes, des Halsschildes und der Hinterhüften teilt. Sie bildet die dritte der bisher unter dem gemeinsamen Namen laticollis Dej. in den Sammlungen verbreiteten Arten, zu deren Unterscheidung wir folgende kurze Uebersicht geben:
1. Drittes bis fünftes Ventralsegment beiderseits der Mitte mit einem Borstenpunkt; Halsschild nach rückwärts allmählig und schwächer verengt, ohne scharf abgesetzte Hinterwinkel. Ein Schulterzahn nicht entwickelt. laticollis Dej.
2. Drittes bis fünftes Ventralsegment jederseits der Mitte mit 2—4 Borstenpunkten; Halsschild stark herzförmig mit schärfer abgesetzten, mehr nach auswärts gerichteten Hinterwinkeln.

Halsschild innerhalb der Hinterwinkel mit einer kielförmigen Längserhabenheit, in den Eindrücken nicht oder nur schwach punktirt. Flügeldecken hoch gewölbt an den Seiten stark gerundet, Hinterkörper gegenüber dem Vorderkörper weniger entwickelt, Basalrand der Flügeldecken nach aussen stark aufgebogen, Schulterzahn deutlich, oft sehr kräftig. Kleinere, stark gedrungene, näher mit laticollis verwandte Art aus den

---

*) Deutsche entomolog. Zeitschrift 1890, I. Sechs neue Nebrien aus den Alpen.

piemontesischen Alpen (Monte Viso, Val Pesio —
Baudi) . . . . *morula* nov. spec.

Halsschild neben den Hinterwinkeln einfach verflacht, manchmal mit rudimentärer Längsfalte, in den Eindrücken scharf punktirt, Flügeldecken flacher, seitlich schwächer gerundet, Hinterkörper stärker entwickelt, Schulterzahn fehlend. Grössere; in Savoyen und im Dauphiné einheimische Art . . *delphinensis* nob.

Von *Nebria morula* nob. sind uns bisher 8 unter sich vollkommen übereinstimmende Exemplare bekannt geworden und zwar 2 mit den Fundorten Monviso und Val Pesio (Coll. Baudi-Turin), 3 Stücke mit „Italia" und 1 mit „Pyr. or." (wohl irrtümlich!) bezeichnete (Coll. Koltze-Hamburg, hievon 1 ☿ uns freundlichst überlassen), ferner 2 Ex. ohne nähere Bezeichnung (Coll. Brenske-Potsdam).

Nebria posthuma (Thieme i. l.) *nobis nov. spec.* : Picea, palpis, antennis pedibusque rufo-brunneis; capite maximo, pone oculos haud angustato, impressione verticali transversali exigua, fronte postice juxta marginem interiorem oculorum et articulo primo antennarum extus puncto unico setigero instructis; thorace lato, cordiformi, lateribus valde rotundatis, juxta marginem lateralem late deplanato, ante medium seta unica instructo, angulis anticis acute antrorsum, posticis haud vel vix extrorsum productis, impressionibus basalibus fortiter, antica et lateribus subtiliter, prosterno, praesertim in medio marginem anticum versus sat crasse punctatis; processu prosternali apice marginato; elytris subellipticis, deplanatis, lateribus subrotundatis, margine basali extus reflexo, humeris distinctis, striis exiguis, subtiliter punctatis, interstitiis sat planis, primo unica, tertio 1—3 foveolis setigeris, carina apicali sat obtusa; episternis meso- et metathoracis lateribusque segmenti primi et secundi ventralis fortiter punctatis, segmentis ventralibus 3—5 medio utrinque tribus vel quatuor, anali in mare unico, in femina duobus punctis setigeris; pedibus sat gracilibus, tarsis superne pilosis, tarsorum posticorum articulo quarto apice recte truncato; aptera. Long. 12—15 mill., lat. $4^{3}/_{4}-5^{1}/_{2}$ mill.

Patria: Aprutium Italiae centralis.

Nebria subcontracta nobis nov. spec.: Picea, palpis, mandibulis pedibusque femoribus exceptis flavo-brunneis; capite crassiusculo ut in praecedente setoso; thorace subcordiformi, lateribus modice rotundato, parte basali late sinuata, ante medium puncto unico setigero instructo, impressionibus basalibus distincte, antica et lateribus vix punctatis, prosterno laevi, processu prosternali apice marginato; elytris sat brevibus, ellipticis, margine basali extus reflexo, humeris distinctis, striis profundis, sat dense punctatis, interstitiis valde convexis, foveolis primo unica, tertio 4—5 setigeris, carina apicali acuta; episternis meso- et metathoracis et lateribus segmenti primi et secundi ventralis fere laevibus; tarsis superne pilosis, tarsorum posticorum articulo quarto apice recte truncato; aptera. In nostro specimine segmenta 3—6 ventralia desunt. Long. $10^1/_2$ mill., lat. 4 mill.

Patria: Regio pedemontana.

Nebria posthuma nob. und subcontracta nob. stehen in nächster verwandtschaftlicher Beziehung zu tibialis Bon. Als gemeinsame Merkmale erwähnen wir neben der habituellen Aehnlichkeit die auf der Oberseite behaarten Tarsen, deren einzelne Glieder an der Spitze gerade abschneiden, die Beborstung des Kopfes, des Halsschilds, der Hüften (und des Abdomens), das Vorhandensein eines Borstenpunktes an der Basis des ersten Zwischenraumes, den an der Spitze kräftig gerandeten Prosternalfortsatz und den Mangel einer Stirnmackel. Zu ihrer Unterscheidung diene vorläufig folgendes Schema:

1. Halsschild von ausgeprägter Herzform, vor der Mitte seitlich stark gerundet, nach vor- und rückwärts rasch verengt, im Basalfünftel ist die Begrenzungslinie plötzlich, oft fast winkelig unterbrochen und geradlinig oder in schwacher Ausschweifung bis zu den Hinterwinkeln fortgesetzt.

Streifen der Flügeldecken seicht, Zwischenräume flach, der dritte mit 1—3 sehr undeutlichen Grübchen; Flügeldecken flachgedrückt, seitlich wenig gerundet, mehr parallelseitig, Schulterbreite beträchtlicher, Halsschild breiter und neben dem Seitenrande mehr verflacht, mit spitzen, vorgezogenen Vorderwinkeln und nicht oder nur schwach nach auswärts gezogenen Hinterwinkeln. Fühler und Beine rotbraun. Grössere Art. Sie wurde von Rost auf dem Gran Sasso in den Abruzzen entdeckt und von Dr. Thieme als *N. posthuma* versandt. Uns liegen vor: 4 Exemplare (2: Coll. v. Heyden-Frankfurt, 1: Coll. Baudi-Turin, 1: Coll. Oberndorfer-Günzburg) die unter sich vollständig übereinstimmen. Alle stammen vom Gran Sasso . . . . *posthuma* nov. spec.

Streifen der Flügeldecken sehr tief, Zwischenräume stark gewölbt, der dritte mit 4—6 deutlichen, borstentragenden Grübchen, die in manchen Fällen den ganzen Zwischenraum durchsetzen; Flügeldecken gedrungener, mehr gewölbt, seitlich mehr gerundet und gegen die Schultern mehr zusammengezogen, diese daher schmäler; Halsschild von geringerer Breite, stark gewölbt neben dem Seitenrand in geringerer Ausdehnung verflacht, mit mehr an den Hals angezogenen, weniger vortretenden Vorderwinkeln und meist deutlich nach aussen gerichteten Hinterwinkeln. Tibien, Tarsen, Taster und Fühler meist rötlich, Schenkel dunkler, selten auch die Tibien und Fühler pechschwarz. Ein Stück vom Modeneser Appenin (Coll. Baudi-Turin) besitzt einfärbig lebhaft rote Beine. Uebergänge hiezu mit mehr oder weniger hellen Schenkeln bilden Exemplare vom Passo del Abetone im etruskischen Appenin (Coll. Strasser-München.) Kleinere (Long. $11-13^{1}/_{2}$mm, lat. $4^{1}/_{2}-5^{1}/_{2}$ mm) von den Seealpen durch Ligurien wahrscheinlich über den grössten Teil des Appeninnenzuges verbreitete Art . . . . *tibialis* Bon.

2. Halsschild schwach herzfömig, von der Stelle der grössten Breite ab in ziemlich leicht geschwungener Kurve allmählig nach rückwärts verengt, vor den Hinterwinkeln sanft ausgeschweift. Es verliert dadurch die für *posthuma und tibialis* charakteristische Herzform und nähert sich demjenigen der *Nebria Dahli* Dftsch., so dass diese Art gewissermassen als Bindeglied zwischen *tibialis und Dahli* betrachtet werden kann. Ausserdem weicht sie noch durch geringere Grösse und verhältnismässig schwächer entwickelten Hinterkörper von ihren Verwandten ab. Im übrigen finden wir jedoch die meisten Charaktere der *tibialis* wieder, so besonders die stärkere Streifung der Flügeldecken, die gewölbten Zwischenräume, und die kräftigen und zahlreicheren Grübchen. Fühlerbasis und Schenkel sind dunkel. Das einzige uns vorliegende Stück stammt aus Baudi's Sammlung, in der es als *tibialis* var. *minor* mit der Provenienzangabe: Camaldoli casentino Baudi VI 75 enthalten war . . . . . *subcontracta* nov. spec.

2. Über *Nebria gagates* Bonelli und *pedemontana* Vuillefroy.

Die besonders an piemontesischem Material äusserst reichhaltige Sammlung des Herrn Flamino Baudi di Selve in Turin enthält 2, jedenfalls hochseltene *Nebria*-Arten, die wohl geeignet sind, die Frage der Deutung von Bonelli's *N. gagates* und Vuillefroy's *N. pedemontana* ihrer Lösung näher zu bringen. Wir geben zunächst die Charakteristik beider Arten und knüpfen daran eine kurze Besprechung der Beziehungen zwischen den Baudi'schen Sammlungsstücken und den Originalangaben, soweit uns dieselben für unsern Zweck von Einfluss zu sein scheinen. Der Vollständigkeit halber geben wir am Schluss eine Copie der Bonnelli'schen und Vuillefroy'schen Beschreibung.

☿ ♀: Vom Monte Viso stammend. Die beiden Stücke zeigen grosse Aehnlichkeit mit *Lafresnayi Serv.*, so dass es schwer ist, sie von dieser Art zu trennen. Das ♀ ist schwarz mit pechbraunen Fühlern, teilweise rötlichen Tibien und ganz roten Füssen. Das ☿ ist ganz rotbraun gefärbt, wohl nicht vollständig reif. Von *N.Lafresnayi* unterscheiden sie sich durch kürzeres gedrungenes Halsschild, dessen Seiten weniger breit flach abgesetzt sind. Beim ♀ sind diese Unterschiede besser ausgeprägt als beim ☿. Letzteres ist auch etwas schmaler, als die typische *Lafresnayi*.

♀ ♀: Ein Stück mit dem Fundort Monte Viso, das andere aus den grajischen Alpen (Valle di Stura: Balme). Glänzend tiefschwarz, Oberkiefer, Taster, die Spitze der kahlen und die pubescenten Fühlerglieder, die Tarsen und eine sehr schwache Stirnmakel heller oder dunkler braunrot. Kopf ziemlich schmal mit mässig heraustretenden Augen, Clypeus schwach höckerig sculptirt, Stirn und Scheitel glänzend glatt, hinter den Augen ein seichter Quereindruck. Fühler dünn und schlank. Stirn neben dem Innenrand der Augen mit 3, erstes Fühlerglied an der Aussenseite mit 2 Borstenpunkten. Halsschild wenig vor der Mitte am breitesten, nach rückwärts wenig stärker als nach vorn verengt, vor den Hinterwinkeln kaum merklich ausgeschweift, neben dem Seitenrand der ganzen Länge nach breit verflacht, der abgesetzte Teil gegen die Basis stark aufgebogen. Vorderwinkel stark vorgezogen, an der Spitze etwas aufgebogen; die Basis ist breit und tief ausgeschnitten, Hinterwinkel angezogen, fast rechtwinklig; Eindrücke tief, schwach punktirt oder gerunzelt. Innerhalb des Seitenrandes stehen bis zu 10 Borsten und zwar sind dieselben fast auf die ganze Länge desselben verteilt. Prosternum grösstenteils glatt, gegen den Vorderrand mehr oder weniger deutlich punktirt. Fortsatz schmal, an der Spitze deutlich geraudet. Flügeldecken breit, besonders im Basalviertel sehr flach, von fast regelmässig elliptischem Umriss, an der Naht verwachsen; Schultern fast vollkommen verrundet; der Basalrand vereinigt sich mit dem Seitenrand ohne Spur einer Eckbildung, Streifen tief, deutlich, aber nicht kräftig punktirt, Zwischenräume gewölbt, der dritte mit

2—4 borstentragenden Grübchen; Skutellarstreifen normal; Apicalkiel schwach entwickelt. Seiten der Mittel- und Hinterbrust und der beiden ersten Abdominalsegmente zerstreut, stellenweise grob punktirt. Drittes bis fünftes Ventralsegment beiderseits der Mitte mit je (1—) 3, Analsegment mit je 2, Hinterhüften neben dem Vorderrand mit 1 Borstenpunkt. Beine sehr schlank, Tarsen auf der Oberseite kahl, die einzelnen Glieder an der Spitze gerade abgeschnitten. Ungeflügelt. Länge $12^1/_2 — 13^1/_2$ mm., Breite $5—5^1/_4$ mm.

Für die Untersuchung, ob, bezw. auf welche der eben gekennzeichneten Arten die Namen *gagates* Bonelli und *pedemontana* Vuillefroy zu beziehen sind, haben wir vorläufig ausser den Originalbeschreibungen und einigen uns von Herrn Baudi freundlichst gemachten Mitteilungen keine Anhaltspunkte. Bonelli's typisches Stück seiner *gagates* wurde während Ghiliani's Reise nach Amerika, einer Zeit in der die Turiner Musealsammlung jeder Pflege entbehrte, von den Anthrenen zerstört. Betreffs des Originalexemplares von *pedemontana* Vuillefr. waren unsere Nachforschungen erfolglos. Vuillefroy's Sammlung wurde geteilt, in wessen Besitz die Carabiden übergingen, konnten wir bisher nicht erfahren.

Nebria gagates ist nach Bonelli ein einfärbig schwarzer *Alpaeus* von der Grösse und Gestalt der *tibialis* Bon. Das herzförmige Halsschild mit spitzeren und mehr vorgezogenen Vorderwinkeln ist nach rückwärts wie bei *Hellwigi* Panz. verengt, die Hinterwinkel sind etwas herabgebogen und ebenfalls spitz. Wenn wir der Veränderlichkeit der Färbung bei Nebrien Rechnung tragen und vielleicht auch einige Ungenauigkeiten, wie sie bei älteren Autoren öfters vorkommen, zugeben wollen, so lässt sich Bonelli's Beschreibung ohne Zwang auf die erstere der oben charakterisirten Arten und zwar auf ein dunkel gefärbtes Exemplar beziehen. Es liegt allerdings auch nahe, *gagates* als Form der *tibialis* zu betrachten, ein Standpunkt, der in der vierten Auflage des Catalogus Coleopt. Europ. et Cauc. vertreten wird. Bonelli's einziges Stück wurde indes von Peiroleri bei Viù (Valle di Stura) in den grajischen Alpen gesammelt, wo *tibialis*, die nur die südlichsten Teile der Seealpen bewohnt, sicher fehlt.

Nebria pedemontana Vuillefroy ist nach der Originalbeschreibung eine Art von der allgemeinen Form der *Lafresnayi* Serv., unterscheidet sich jedoch von derselben durch die ungewöhnliche Gestalt des breit gerandeten Halsschildes, namentlich dessen stark vortretende Vorderwinkel und stärker gestreifte Flügeldecken. Diese Angaben stimmen vollkommen auf die zweite der oben beschriebenen Arten, die in der That, wenn wir sie überhaupt mit

einer der bekannteren Nebria-Arten vergleichen sollen, am meisten
an *Lafresnayi* Serv. erinnert, durch die erwähnten Merkmale sich
indess charakteristisch von derselben unterscheidet. Neben der
Uebereinstimmung in der Färbung betonen wir besonders die Wichtigkeit der auf die Halsschildform bezüglichen Bemerkung „côtés
.... peu redressés vers la base" mit der spezifischen Bedeutung:
Vor den Hinterwinkeln schwach ausgeschweift, diese wenig nach
Auswärts gerichtet. Vuillefroy's Angabe „angles postérieurs
très-aigus" scheint zwar mit der von uns entworfenen Beschreibung
der Baudi'schen Stücke mit nahezu rechtwinkligen Halsschildhinterwinkeln im Widerspruch zu stehen. Wenn wir indessen in
Betracht ziehen, dass bei den vorliegenden Exemplaren die Ausschweifung vor den Hinterwinkeln fast fehlt, kleine Abweichungen
in dieser Beziehung aber erfahrungsgemäss im Bereich der individuellen Abänderungen liegen, so ergibt sich, dass solche bei
stark ausgeschnittener Halsschildbasis (wie sie in der Beschreibung hervorgehoben und auch bei Baudi's Stücken wahrnehmbar
ist) verhältnismässig spitze, jedoch nach rückwärts gerichtete
Winkel zur Ausbildung bringen. Im Gegensatz zu Vuillefroy's
Original mit an allen Rändern punktirtem Halsschild zeigen die
von uns verglichenen Exemplare nur an der Basis deutliche und
zerstreute Punktur, die seitlichen, verflachten Partien sind ebenso
wie der vordere Quereindruck nur schwach runzlig sculptirt. Der
Umstand jedoch, dass der Autor bei der Vergleichung seiner Art
mit *Lafresnayi* Serv. Unterschiede in der Punktirung nicht erwähnt, lässt wohl annehmen, dass solche nicht bestehen. Wenn
wir ferner berücksichtigen, dass bei *Lafresnayi* mit normal ziemlich
schwach punktirter Basis und häufig kaum punktirten Seitenrändern
analoge Schwankungen nicht selten beobachtet werden, so glauben
wir, zumal Vuillefroy genauere Mitteilungen über die Art der
Punktur insbesondere die Stärke und Dichte derselben nicht gibt,
dieser Angabe sowohl in diagnostischer Hinsicht, als speziell in
ihrem Einfluss auf die zu entscheidende Frage eine besondere Bedeutung nicht beilegen zu müssen. Abgesehen von dem eben erwähnten, wenig ins Gewicht fallenden Gegensatz, halten wir bei
der sonstigen grossen Uebereinstimmung in wesentlichen Punkten
die nahen Beziehungen zwischen der Vuillefroy'schen Beschreibung
seiner *pedemontana* und den beiden erwähnten ♀ ♀ der Baudi'schen
Sammlung für erwiesen. Wenn Vuillefroy die Aehnlichkeit
seiner Art mit *Lafresnayi* hervorhebt, so liegt es allerdings nahe
zunächst an die erste der von uns eingangs gekennzeichneten
Arten zu denken, die ja in der That auffallende Aehnlichkeit mit
derselben besitzt, allein eben aus diesem Grunde müssen wir sie
von der Betrachtung ausschliessen, da Unterschiede der angegebenen

Art an ihr nicht wahrzunehmen sind. Ebenso wenig scheint uns die Beschreibung von *N. gagates* Bonelli auf die zweite der oben beschriebenen Arten bezogen werden zu können, die Angaben über die Form des Halsschilds, als an *Hellwigi* Panz. erinnernd, lassen darüber wohl keinen Zweifel.

Wir kommen zu folgendem Schluss:
Nebria gagates Bonelli ist eine mit *Lafresnayi* Serv. nahe verwandte Art vom Monte Viso (Ghiliani) und dem valle di Stura (Viù — Peiroleri, Bonelli). Die eingangs gemachten Mitteilungen sind nicht ausreichend, um ihre spezifische Selbständigkeit zu begründen, doch glauben wir bei dem Mangel an sonstigen Analogien zwischen der piemontesischen und Pyrenäen-Fauna, wenigstens soweit sie den beiden Gebieten eigentümliche Arten betreffen, ihre Indentität in Zweifel ziehen zu müssen, bis reicheres Material einen sicheren, unabhängigen Schluss gestattet.

Nebria pedemontana Vuillefroy, eine hochinteressante, in Form und Färbung an *Lafresnayi* Serv. erinnernde Art mit den Gruppencharacteren der mit *castanea* verwandten Species, unterscheidet sich von sämmtlichen derselben durch die auffallend vorgezogenen Vorderwinkel des Halsschilds und die Zahl der Borstenpunkte am Halsschildseitenrand und an der Aussenseite des ersten Fühlergliedes. In Gemeinschaft mit *Chevrieri* Heer ist sie durch das Auftreten mehrerer Borstenpunkte auf der Stirn neben dem Innenrand der Augen ausgezeichnet.

Dem eben mitgeteilten Resultate liegt die Voraussetzung zu Grunde, dass die Baudi'schen Sammlungsstücke auf bereits beschriebene Arten zu beziehen seien. Wir glauben dieselbe damit begründen zu können, dass die erwähnten Exemplare aus über Turin leicht zugänglichen und oft explorirten Localitäten stammen. Für den Monte Viso ist dies bekannt, aber auch die Hochthäler der Stura wurden bereits zu Bonelli's Zeiten besucht und sind über Lanzo bequem erreichbar. Wenn wir ferner beachten, dass beide Arten sowohl unter sich, als von den übrigen piemontesischen Verwandten auffallend unterschieden sind, so fällt auch die Möglichkeit, es handle sich hier um eine oder zwei unbeschriebene, bisher nicht beachtete Arten umso weniger ins Gewicht, als die Baudi'schen Sammlungsstücke in der That geeignet sind, zwei bisher ungedeuteten Beschreibungen als factische Grundlage zu dienen.

Alpaeus gagates Bonelli, Mém. Ac. Imp. Sc. Turin pour les années 1809—1810, Turin MDCCCXI, Mém. pres. 74.
Alpaeus niger, nitidus, unicolor, thorace angulis anticis acute prominulis, margine laterali reflexo rugoso, elytris striis profundis punctulatis. Magnitudo et statura omnino praecedentis*). Totus niger, unicolor; caput inter

*) *tibialis* aus den ligurischen Alpen.

antennas utrinque subimpressum, antennis palpisque concoloribus; thorax cordatus, antice angustatus, angulis magis quam in reliquis acutis prominulisque, postice adhuc angustior ut in *Alp. Hellwigii*, angulis deflexius culis, acutis, margine laterali valde reflexo subrugoso; elytra striata, striis profundis, punctulatis, omnibus suturae proximis exceptis procul ab elytri apice et solitarie terminantibus. Pedes omnes nigri, gracillimi. Long. 13 mill. Lat. 4½ mill. ♂.

Celle-ci, qui me parait avoir quelques rapports avec une certaine éspèce que j'ai vu dans la collection de Mr. le protesseur Jurine sous le nom de *Nebria rufifrons*, habite les alpes; sa femelle m'est inconnue.

Nebria pedemontana Vuillefroy. L'Abeille V. 1868—69. p. 289.
Noire. Pattes, antennes et palpes brunâtres; ces derniers plus clairs.
Tête petite, peu allongée, présentant sur son sommet une tâche rougeâtre peu visible.
Prothorax peu convexe; lisse sur le disque, qui présente une ligne médiane très-enfoncée; ponctué tout autour entre le bord et le disque; fortement échancré en avant et à la base; largement rebordé sur les côtés qui sont fortement arqués, mais peu redressés vers la base; angles antérieurs très-saillants, très-aigus, dirigés en avant; angles postérieurs très-aigus, dirigés en arrière.
Elytres ovales, assez allongées, à épaules peu saillantes, fortement striées-ponctuées. — Longueur, 13 mill.
Cette éspèce présente la forme générale de la *N. Lafresnayi*: la tête est à peu près semblable et les élytres aussi, si ce n'est qu'elles sont plus fortement striées-ponctuées; mais la forme insolite de son prothorax largement rebordé, dont les angles antérieurs notamment s'avancent en avant en forme de pointe, en fait une éspèce tout-à-fait remarquable.
Elle doit se placer à coté de la *Nebria Vuillefroyi* d'Espagne.
Le seul individu que j'aie jamais vu de cette éspèce vient du Piémont; je l'ai reçu sans autre indication

3. *Synonymisches.*

1. *.Nebria delphinensis* nob. (D. ent. Ztschrft. 1890) = *pictiventris* Fauvel (Revue d'Entomogie 1888) ex typo. Nach Fauvel gehört seine *pictiventris* zur Section der *gagates* (Bon.) Fauvel,[*]) *Germari* Heer und *fulviventris* Bassi, wird indess mit *laticollis* Dej. verglichen. Die rötliche Färbung des Abdomens der ♂ ♂ ist weder constant, noch charakteristisch für *pictiventris*. Von den beiden uns seinerzeit zur Beschreibung vorgelegenen ♂ ♂ besass nur das eine etwas helleres Abdomen, wir hielten dasselbe indess nicht für vollständig reif. Die später erhaltenen ♂ ♂ zeigen allerdings zum grössten Teil die von Fauvel hervorgehobene Eigentümlichkeit, doch entbehren auch nicht wenige derselben oder sie ist nur undentlich bemerkbar. Eine Anzahl von uns im August vorigen Jahres anf dem Monte Viso gesammelter ächter *laticollis* Dej. ♂ ♂ haben nicht nur ebenfalls lebhaft rötliches Abdomen, die helle Färbung ver-

---
*) = *N. Lafresnayi Serv.*

breitet sich sogar auf die Hinter- und Mittelbrust und setzt sich nicht selten als ziemlich breiter Medianstreifen auf der Vorderbrust bis zum Vorderrande derselben fort. Dieselbe Ausdehnung der rötlichen Färbung bemerken wir auch bei dem Fauvel'schen Originalexemplar. Von den in der Faune gallo-rhénane für *laticollis* Dej. gemachten Fundortsangaben bezieht sich ausser Briançon auch Isère und Belledonne sicher auf *pictiventris*. Wir können denselben noch hinzufügen: G$^{de.}$ Chartreuse, St. Pierre d'Entremont, La Prâ, Allevard. Am Monte Viso kommt die Fauvel'sche Art wohl sicher nicht vor, dagegen *laticollis* Dej. und *morula* nob.

2) Fauvels *Nebria Germari* Heer (Faune gallo-rhénane p. 120) = *cordicollis* Chaud.

3) Herrn Custos Ganglbauer, der Gelegenheit hatte, die im Besitze der Herrn Oberthür in Rennes befindlichen Dejean-schen und Chaudoir'schen Nebrien-Typen zu vergleichen, verdanken wir die folgenden Mitteilungen, sowie die Genehmigung zu ihrer Publikation :

Das Originalexemplar der *Nebria angustata* Dej., ein ♀ mit der Provenienzangabe „in Pedem. alp.?" = *Chevrieri* Heer. Das Tier zeigt alle von uns als characteristisch angegebenen Merkmale, insbesondere die Stirnpunkte neben dem Augeninnenrand. Wir haben uns bei einer früheren Gelegenheit auf Grund der Originalbeschreibung gegen die Vereinigung beider Arten ausgesprochen. Factisch bleiben die von uns hervorgehobenen Bedenken bestehen, indem weder die Halsschildform mit jener der *angusticollis* übereinstimmt, noch die Verbreiterung der Flügeldecken nach rückwärts erheblicher ist.

Nebria laticollis Dej. ist nach dem typischen Stück (♂ mit der Fundortsbezeichnung „in pedem. alpib.") = der von uns als *laticollis* betrachteten Art. Es ist damit die wichtige Frage entschieden, welcher der drei als *laticollis* in den Sammlungen enthaltenen Arten der Dejean'sche Name gebührt.

III.
Über *Amara Schimperi* Wencker.

Amara Schimperi wurde von Wencker nach einem bei Kehl gelegentlich einer Ueberschwemmung gesammelten Exemplar beschrieben. Dasselbe Stück lag auch Putzeys vor, der diese Art in seiner Amaren-Monographie sehr ausführlich bespricht. Wir waren in der Lage reichlicheres Material dieses seltenen und wenig bekannten Tieres zu untersuchen und teilen im Folgenden unsere Beobachtungen teils als Ergänzung, teils als Bestätigung der Angaben Wencker's und Putzeys' mit. Es lagen uns 19 Exemplare dieser Art vor, hievon 17 aus der Umgebung Münchens, namentlich längs des Isarlaufes gesammelt, und 2 aus dem Passeierthal in Südtyrol. Sie stimmen in allen wesentlichen Punkten mit Putzeys' Beschreibung überein. Wir verdanken die Vergleichung dieses verhältnismässig reichen Materials vorzugsweise der freundlichen Unterstützung der HH. Strasser und Oettl in München.

Amara Schimperi Wenck. zeigt die Gruppenmerkmale der ächten Amaren zu denen auch Putzeys sie zählt. Die Vordertibien sind an der Spitze wie bei *lunicollis, communis, spreta* und verwandten Arten innerhalb des Enddorns zu einem kleinen, schwer sichtbaren, dornartigen Zähnchen ausgezogen.*) Ausserhalb des Spitzendorns ist die Schiene einfach stumpf, nicht dreieckig scharf wie bei *lunicollis* und *nigricornis* erweitert, sie trägt hier einen einzelnen grösseren Dorn. Bezüglich der Streifung der Flügeldecken enthält Putzeys' Beschreibung bekanntlich einen Wider-

---

*) Fauna baltica p. 48. Dieselbe Bildung zeigen auch mehrere Arten des Subgenus *Celia* Zim. (so z. B. *erratica* Dft., *interstitialis* Thoms., *ingenua* Dft., *fusca* Dej., *Quenselii* Sch., *sylvicola* Zim., *municipalis* Dft., *infima* Duft.) indess oft sehr undeutlich. Die namentlich für kleinere Arten ziemlich mühsame Untersuchung erfordert gut conservirtes und ebenso präparirtes Material, wie es uns von mehreren Arten nicht zur Verfügung steht.

spruch, doch ist *Schimperi* in der Uebersichtstabelle bei jenen Arten eingereiht, deren Streifen an der Spitze vertieft sind. Auch alle von uns verglichenen Exemplare zeigen dieses Merkmal, wenn auch in einzelnen Fällen nicht sehr deutlich.

Nach dem eben mitgeteilten ist *Amara Schimperi* als nächste Verwandte der *continua* Thoms. und *communis* Panz. zu betrachten, mit welch' letzterer sie auch Putzeys vergleicht. Sie unterscheidet sich von beiden zunächt durch die Skulptur des Halsschilds. Bei *continua* und *communis* ist die Wölbung eine gleichmässige, die Eindrücke an der Basis fehlend oder nur schwach markirt. *Schimperi* nähert sich in dieser Beziehung mehr der A. *lunicollis* Schdte. mit fast stets durch einen Quereindruck deutlich abgesetztem Basalteil und verhältnismässig tiefen Grübchen. Auch die von Putzeys erwähnte vom innern Basaleindruck gegen die Mitte des Seitenrandes ziehende Vertiefung findet sich bei mehreren uns vorliegenden Exemplaren. Ebenso zeigt die Mehrzahl derselben die charakteristische Punktirung des Halsschilds. Sie verbreitet sich fast über die ganze Basis und zieht sich oft längs des Seitenrandes bis gegen die Vorderwinkel, in den Grübchen ist sie besonders dicht gedrängt. A. *communis* ist auf dem Halsschild entweder nicht oder nur schwach punktirt, *continua* in der Regel, indess nie in solcher Ausdehnung. Von letzterer unterscheidet sich *Schimperi* noch durch die in der Mitte deutlich unterbrochene Punktreihe auf dem neunten Zwischenraum. Characteristisch für Schimperi ist ferner die kräftige, oft grobe Punktirung der Mittel- und Hinterbrust, besonders der Episternen, auf der Vorderbrust ist sie schwächer und mehr zerstreut. Die Streifen der Flügeldecken sind fein furchenartig, die Zwischenräume flach, öfter sind jene mehr vertieft, letztere dann convex. Die Punktur der Streifen ist deutlich, doch meist sehr fein, selten kräftiger. Bei allen von uns untersuchten Stücken ist die Spitzenhälfte des dritten Fühlerglieds dunkel, die Tibien entweder ganz oder wenigstens in der Mitte hell.

IV.
Drei neue *Otiorhynchus*-Arten aus den cadorischen (östl. Trientiner-)Alpen.

O. validicornis nobis nov. spec.: *Nigro-piceus, haud squamosus, pedibus rufopiceis, clava rufa; fronte lata, rostro sulcato et cum illa longitudinaliter rugoso, scrobibus abbreviatis, antennis fortibus, ♂ funiculi articulo primo brevi, clavato, latitudine paulo longiore, reliquis globosis, extus vix dilatatis, quarto interdum subincrassato, ♀ toto funiculo multo robustiore, articulis externis disciformibus, quarto fere semper distincte incrassato; thorace aeque longo ac lato, ♀ fere cylindrico, ♂ lateribus plerumque sat fortiter rotundato, umbilicato-granuloso; elytris brevibus, ellipticis vel subellipticis, striis fortiter punctatis, interstitiis striarum latitudine, subtiliter transversim rugulosis et uniseriatim breviter setulosis, alternis saepe elevatioribus costiformibus; pedibus fortibus, femoribus muticis. Long. 5—7 mill., lat. $2^1/_2$—$3^1/_4$ mill.*

Pechschwarz, Beine etwas heller, Fühlerkeule rötlichbraun. Unbeschuppt.

Kopf breit, mit kurzem, der Länge nach eingedrücktem Rüssel. Die Augen sind stark seitlich gerückt und mit tiefen, scharfen Furchen umzogen, die auf Stirne und Rüssel in Längsrunzeln übergehen. Fühlerfurche kurz, rundlich, nach rückwärts wenig verlängert. Die **Fühler** sind sehr kräftig entwickelt, der Schaft dick, bis zum Halsschildvorderrand reichend. Geissel von der Dicke des Schaftes, beim ♂ erstes Glied kurz, kolbenförmig, wenig länger als breit, das zweite und meist auch die folgenden bis zur Keule kugelig, nicht selten ist das 4. deutlich verdickt, die folgenden dann jedoch gleich dem dritten und nach aussen nicht oder nur schwach an Breite zunehmend. Beim ♀ ist Schaft und Geissel viel plumper, Glied 1—3 wie beim ♂, nur beträchtlich kräftiger, das vierte fast stets deutlich verdickt, das fünfte bis siebente etwas schmäler als das vierte, doch viel breiter als lang, fast scheibenförmig. **Halsschild** so lang als breit, entweder fast cylindrisch (♀) oder an den Seiten schwach gerundet (♂), dann die grösste Breite meist vor der Mitte, unregelmässig grob gekörnt, die Körner genabelt. Eine Längsfurche fehlt oder ist nur schwach angedeutet. **Flügeldecken** kurz elliptisch oder subelliptisch, beim ♀ auf dem Rücken etwas flach gedrückt, Schultern fehlend. Streifen seicht, mit ziemlich grossen, etwas in die Quere entwickelten Punkten besetzt, Zwischenräume so breit wie die Streifen, leicht quergerunzelt, mit einer Reihe kurzer, an der Spitze nur sehr schwach verbreiterter, weisslicher Börstchen. Nicht selten sind die ungeraden Zwischenräume schwach rippenförmig erhaben. **Beine** kurz, kräftig, Schenkel ungezähnt.

Ueber die systematische Stellung der Art können wir vorläufig noch keine bestimmte Meinung äussern. Wenn wir von der individuell auftretenden Rippenbildung absehen, so scheint der Einreihung in die 14. Rotte der Dr. Stierlin'schen Otiorhynchen-Classification (Best. Tab. d. europ. Coleopt. IX. 1883) und zwar als mit *O. Mülleri* und *pigrans* verwandt, nichts im Wege zu stehen. Andererseits enthält die 16. Rotte mehrere Arten, die zweifellos in noch näherer Beziehung zu *validicornis* nob. stehen, insbesondere gilt dies bezüglich der Fühlerbildung. In demselben Sinn spricht sich Dr. Stierlin aus und wünscht den Anschluss der neuen Art an *O. antennatus* Strl., eine transsylvanische, beschuppte Art. Der hierin liegende Widerspruch lässt eine Revision der in Betracht kommenden Gruppen als wünschenswert erscheinen, die vermutlich zur Spaltung der 16. Rotte führen wird.

O. cadoricus nobis nov. spec.: *Piceus, haud squamosus, antennis rufopiceis; capite brevi, fronte lata, indistincte ruguloso-punctata, rostro longitudinaliter strigoso, nonnunquam sulcato, rarius subtiliter carinulato, scrobibus abbreviatis, antennis gracilibus, funiculi articulo primo latitudine fere duplo, secundo primo dimidio vel plus dimidio longiore, reliquis globosis; thorace subcylindrico, lateribus modice rotundato, dense et fortiter granulato, saepe subtiliter sulcato; elytris breviter ellipticis, punctato-striatis, interstitiis planis, strias latitudine superantibus, uni-vel biseriatim setulosis; pedibus fortibus, femoribus muticis. Long. $5^{1}/_{2}-7$ mill., lat. $2^{1}/_{4}-3^{1}/_{4}$.*

Pechbraun, Fühler rötlichbraun. Unbeschuppt.

Kopf kurz, Augen vortretend, ziemlich stark seitlich gerückt, Stirn undeutlich runzlig punktirt, Rüssel längsrunzlig, oft flach gefurcht, manchmal in der Furche ein feiner Längskiel. Fühlergrube nach rückwärts wenig verlängert. **Füher** schlank, der Schaft erreicht den Vorderrand des Halsschilds, erstes Geisselglied kurz, ungefähr doppelt so lang als breit, das zweite ungefähr $1^1/_2$ bis $1^3/_4$ mal so lang als das erste, die übrigen Glieder bis zur Keule knopfförmig. Halsschild fast cylindrisch, an den Seiten schwach gerundet, so lang als breit, dicht und grob gekörnt, nicht selten mit schwacher Medianlängsfurche, die Körner meist deutlich genabelt. Flügeldecken kurz elliptisch, Schultern fast fehlend, an dem Seiten leicht und gleichmässig gerundet, die ♀♀ auf dem Rücken etwas flach gedrückt, die Flügeldeckenwölbung fällt gegen die Spitze fast senkrecht ab. Streifen der Flügeldecken seicht, nicht tief punktirt, die Punktreihen schmaler als die Zwischenräume, diese flach quergerunzelt und ein- bis zweireihig mit kurzen, weisslichgelben, an der Spitze nur schwach verbreiterter Börstchen besetzt. *) Beine kräftig, Schenkel ungezähnt.

Mit *O. pigrans* Strl. und *Mülleri* Rosenh. verwandt, jedoch durch beträchtlichere Grösse, schmäleres, an den Seiten schwächer gerundetes Halsschild und die relative Länge der beiden ersten Geisselglieder verschieden. *O. pigrans* entfernt sich von *cadoricus* ausserdem noch durch die grossen breiten Punkte in den Streifen der Flügeldecken, deren Zwischenräume daher sehr schmal, fast kielförmig erscheinen, durch längere an der Spitze stärker verbreiterte Börstchen und nach rückwärts nicht senkrecht abfallende, sondern nach vorwärts eingezogene Flügeldeckenwölbung. Bezüglich des letzteren Merkmals hält *Mülleri* die Mitte zwischen *cadoricus* und *pigrans*.

Nach brieflicher Mitteilung des Herrn Dr. Stierlin steht die neue Art noch näher dem aus Siebenbürgen beschriebenen, uns unbekannten *Otiorh. Ormayi* Strl. und unterscheidet sich von diesem durch geringere Grösse, mehr cylindrisches Halsschild und gleiche Länge der beiden ersten Geisselglieder.

---

*) Wir bemerken bei dieser Gelegenheit, dass die für die Beborstung der Arten der 15. Stierlin'schen Rotte bisher gebräuchliche Bezeichnung „keulenförmig verdickt" nicht präcis gewählt ist. Die auffallende Ausdehnung der Börstchen an ihrer Spitze findet nur in der Breitendimension statt, während mit dem Begriff der Keulenform eine annähernd gleich starke Zunahme der Breite und Dicke verbunden wird. Die eigentliche Verdickung ist im vorliegenden Fall eine minimale, die Börstchen sind daher „blattförmig oder spatelförmig" entwickelt. Dieselbe Bildung findet sich wieder, wenn auch weit weniger auffallend bei *Otiorh. foraminosus* Boh. und seinen Verwandten, ferner noch weniger deutlich bei *O. pigrans*, *Mülleri* und den beiden eben beschriebenen Arten. Man überzeugt sich davon am besten, wenn man das Tier von rückwärts-unten nach vorwärts-oben betrachtet, so dass besonders die auf dem abschüssigen Teil der Flügeldecken stehenden Börstchen zur Beobachtung gelangen.

O. tridentinus nobis nov. spec.: *Niger, supra squamulis piliformibus, brunneis vel rufo-flavis metallico-micantibus variegatus; rostro lato, plano, longitudinaliter rugoso, rarius subtiliter carinulato, fronte lata, scrobibus abbreviatis, antennis sat gracilibus, funiculi articulis 2 primis aeque longis; thorace longitudine latiore, lateribus valde rotundato, fortiter granulato, plerumque evidenter sulcato, elytris brevibus, valde convexis, minus profunde punctato-striatis, interstitiis planis, tertio et quinto saepe basi subcostatis; ♂ tibiis posticis ante apicem profunde excisis, femoribus muticis. Long. 8 —9 mill., lat. $3^1/_2$— $4^1/_2$ mill.*

Otiorh. tridentinus nob. ist in die 18. Rotte der Stierlin'schen Klassification einzureihen und unterscheidet sich von den bisher beschriebenen Arten dieser Gruppe spezifisch durch die vor der Spitze tief ausgeschnittenen Hintertibien des ♂. Der äusseren Erscheinung nach steht er dem *Otiorhynchus dubius* Sturm sehr nahe, so nahe, dass abgesehen von dem eben erwähnten spezifischen Merkmal in manchen Fällen, zumal wenn ♀ ♀ vorliegen, die sichere Erkennung sehr erschwert wird. Am besten gelingt dies noch unter Zuhilfenahme der Skulptur des Rüssels, der besonders bei den ♂ ♂ in der Regel breiter und flacher, fast stets aber stark längsrunzlig und nur selten mit einem deutlichen Kiel versehen ist. Da nun *dubius* sich in dieser Beziehung sehr constant verhält, also fast stets einfach gekielten, nicht längsrunzligen Rüssel besitzt, so lässt sich in der weitaus überwiegenden Zahl von Fällen mit Hilfe dieses Merkmals die Unterscheidung ermöglichen. Die nicht selten zu beobachtende, rippenartige Entwicklung des dritten und fünften Zwischenraums der Flügeldecken ist nicht charakteristisch für *tridentinus*, man beobachtet dieselbe Erscheinung bei *dubius*. besonders bei einer sehr schwach beschuppten Form aus Kärnthen.

Noch näher als dem *O. dubius* scheint die neue Art dem *Otiorh. Schmidti* Strl. mit ebenfalls längsgerunzeltem Rüssel zu stehen. Leider verfügen wir nicht über verlässige Stücke dieser Art, vermutlich dürfte wohl in der für *tridentinus* ♂ charakteristischen Auszeichnung der Hintertibien das einzige Unterscheidungsmerkmal liegen.

Anhang: Eine von uns Anfangs August 1888 in den Veltliner Alpen gesammelte, unter Steinen lebende *Otiorhynchus*-Art (*O. valtellinus* nob i. l.) ist nach Dr. Stierlin identisch mit seinem *O. arenosus* aus Italien, von dem indessen ausdrücklich das Fehlen einer Halschildmedianfurche erwähnt wird, während eine solche bei unseren Stücken fast ausnahmslos zu beobachten ist.

V.
Kleinere Mitteilungen.

1. Ein bisher bei den Pterostichinen zur Abtrennung mehrerer Gattungen von *Molops* Bon. angewandter Unterschied in der Tarsenbehaarung ist für *Stomis* Clairv. nicht zutreffend. Nur die beiden hochalpinen Arten, *rostratus* Strm. und *elegans* Chd., besitzen auf der Oberseite kahle Tarsen, bei *pumicatus* Panz. ist dieselbe zwar spärlich, doch deutlich halbabstehend beborstet. Bei allen 3 Arten ist indess wie bei den Vertretern der übrigen hier in Betracht kommenden Gattungen das dritte Fühlerglied kahl, bei den *Molops*-Arten bekanntlich pubescent, so dass oben erwähnte Gegenüberstellung in dieser Begrenzung aufrecht erhalten werden kann.

2. Ein von uns im August 1888 auf dem Zirbitzkogel in Kärnthen gesammelter, den dunkelsten Alpen-Varietäten des *melanocephalus* L. ähnlicher *Calathus*, unterscheidet sich von solchen neben ziemlich beträchtlichen Abweichungen in der Färbung durch stärkere Wölbung der Oberseite, namentlich des Halsschilds, dessen Vorderwinkel mehr nach abwärts gebogen sind, die Basaleindrücke sind schärfer begrenzt, tiefer grübchenartig, im allgemeinen ist die Form besonders im ♂ Geschlecht etwas schlanker und an den Seiten weniger bauchig erweitert. Die ganze Oberseite ist einfarbig, fast rein schwarz, glänzend, die ♀♀ meist nur wenig matter als die ♂♂. Halsschild und Flügeldecken ohne helle Ränder, auch der umgeschlagene Basalrand der letzteren und die Epipleuren schwarz oder dunkelbraun, ebenso die Tarsen, die Schienen etwas heller, die Schenkel braun oder gelbbraun. Die Taster mit Ausnahme der Spitze des Endglieds und die 4 ersten Fühlerglieder ganz pechbraun oder bei letzteren meist das erste und die Spitze der drei folgenden heller.

Von *Calathus melanocephalus* sind uns nie ähnlich dunkel gefärbte Exemplare bekannt geworden. Ein genaueres Studium der Verwandten dieser Art dürfte vielleicht, da auch Unterschiede in Gestalt und Skulptur zu beobachten sind, zur spezifischen Abtrennung der Kärnthner Form (var. *noricus* nob.) führen. Ob dieselbe mit dem uns unbekannten west-sibirischen *C. sibiricus* Gebler oder dem finnländischen *C. tarsalis* Sahlb. zusammenfällt, ist mit alleiniger Benützung der Beschreibung nicht leicht zu entscheiden. Letzterer scheint sich indess den alpinen *melanocephalus*-Varietäten zu nähern, Unterschiede in der Zahl und Lage der Punkte auf dem 3. Zwischenraum, wie sie Sahlberg erwähnt, werden sich wohl kaum constant erweisen. *C. sibiricus* stimmt in der Färbung fast mit var. *noricus* überein, nur sind Tibien und Fühler blass gelbbraun, bei *tarsalis* sind die Taster heller, ebenso die Ränder des Halsschilds. Bei oberflächlicher Betrachtung könnte die Kärnthner Varietät auch mit *micropterus* Dft. verwechselt werden, doch ist dieser viel kürzer, das Halsschild verhältnissmässig schmäler und nach rückwärts stärker verengt und wie die Flügeldecken meist schmal gelblich gesäumt, Beine, Fühler und Palpen wohl stets hell. In der Form des Forceps stimmt var. *noricus* vollkommen mit *melanocephalus* überein und unterscheidet sich dadurch scharf von *micropterus*.

3. In dem kürzlich zur Ausgabe gelangten Schlussheft der Fauna baltica (ed. II.) wird Ganglbauer's *Leptura dubia* Scop. zu Gunsten der später beschriebenen *L. limbata* Laich. eingezogen und diese Anordnung damit begründet, dass ein der Beschreibung und Abbildung Scopoli's entsprechendes Tier nur im Caucasus vorkomme. Wir können constatiren, dass solche Varietäten (♀♀) in den Alpen nicht selten, an manchen Standplätzen sogar vorherrschend auftreten, in allen Uebergängen zur vollständig schwarzen und zur bisher als Normalform betrachteten Abart mit roten nur aussen schwarz gesäumten Flügeldecken. Wir sammelten solche ♀♀ mit breiter, schwarzer, von der Basis bis zur Spitze reichender Nahtbinde an verschiedenen Orten in den bayerischen Alpen, in Südtirol (Stilfser Joch, Suldental) und am Monte Rosa (Macugnaga). Auch Redtenbacher erwähnt in seiner Fauna austriaca das Auftreten einer Suturalmakel bei den ♀♀.

Weniger bekannt sind auffallendere Farbenvarietäten bei ♂♂. In unserer Sammlung ein ganz schwarzes Stück vom Monte Rosa (Macugnaga), desgleichen 4 Exemplare aus dem tscherkessischen Caucasus. Ein ♂ von Macugnaga ist insofern von Interesse, als es uns Aufschluss gibt, in welchem Sinn die Zunahme der schwarzen Zeichnung zur Ausbildung der reinen Nigrinos führt.

Wie zu vermuten war, verbreitert sich die Seitenrandbinde nahtwärts, indes nicht gleichmässig, sondern zunächst nur vom Basaldrittel (nach rückwärts) ab, so dass die helle Färbung auf dem vorderen Drittel fast vollständig erhalten bleibt, von hier ab jedoch durch die plötzlich fast winkelig verbreiterte Saumbinde auf einen verhältnismässig schmalen Nahtstreifen reducirt wird. Ein zweites ☿, aus Lenggries in den bayerischen Alpen stammend, stimmt mit dem Stück von Macugnaga vollständig überein. An den beiden Exemplaren lässt sich ohne Schwierigkeit erkennen, dass bei weiterer Ueberhandnahme der dunklen Zeichnung nur eine grössere helle Basalmakel jederseits sich erhält, die nach rückwärts einen Suturalast entsendet. Vergleichen wir nun die Beschreibung von Tournier's *Leptura distincta* (Rev. et Mag. de Zoologie 1872 pag. 347) (aus Persath im Caucasus), so scheint bei der augenfälligen Uebereinstimmung derselben mit dem eben erwähnten die Wahrscheinlichkeit sehr naheliegend, dass Tournier nur ein solches Uebergangsstück des normalen *dubia* ☿ zu der schwarzen Form vorlag, die beide, nach seinem Verzeichnis der von Deyrolle in Imeretien, Mingrelien und Georgien gesammelten Longicornier bei Persath sich finden. *L. distincta* unterscheidet sich nach dem Autor von den schwarzen Varietäten der *L. cincta* nur „par la ponctuation de ses élytres, qui est plus forte, plus espacée, etc."

4. **Ueber geographische Verbreitung der Coleopteren**:

Unsere bereits früher ausgesprochene Vermutung,*) dass *Nebria diaphana* nob. eine weitere Verbreitung besitzt, als wir damals anzugeben vermochten, hat sich bestätigt. Ausser den Trientiner und cadorischen Alpen fanden wir sie auf dem Col Santo bei Rovereto. Sie kommt wohl sicher in den ganzen Karawanken vor (Obir, Loibl: Cl Müller), auch auf dem Dobratsch, wo sie von Herrn Strasser und uns gesammelt wurde. Ferner kennen wir Stücke der Coll. Koltze-Hamburg (Tolmein; Micklitz) und der Coll. Schreiber-Görz (Karst).

Nebria Schusteri Gglbr., die bisher nur von der Koralpe bekannt war, findet sich nach einem Stück der Koltze'schen Sammlung auch auf der Raxalpe.

Broscosoma baldense Rshr., *Plectes var. baldensis Schm.* und *Tanythrix marginepunctata* Dej., für welche bisher ausschliesslich der Monte Baldo als Fundstelle bekannt war, sind schon seit längerer Zeit für die linksseitig der Esch gelegenen lessinischen

---

*) Deutsche entomol. Zeitschrift. 1890 p. 131.

Alpen (Monte Pasubio) nachgewiesen. *Tanythrix edura* findet sich auch im Val Piora im Canton Tessin (Strasser).

Der von Dr. Stierlin in den „Mitteilungen der Schweizer entomologischen Gesellschaft" 1888 p. 18 beschriebene *Dichotrachelus pygmaeus* stammt vom Monte Baldo und wurde von uns im Jahre 1885 unterhalb des Altissimo di Nago in einem Exemplar, nach dem auch die Beschreibung entworfen wurde, entdeckt. Es ist uns inzwischen nicht mehr gelungen, dieses interessante und jedenfalls hochseltene Tier wieder zu sammeln.

Der aus Steiermark beschriebene *Othiorhynchus punctifrons* Strl. (Mitteil. d. Schw. ent. Gesellschft. 1888 p. 50) (*Ot. bavaricus* nob. i. l.) wurde von uns auch auf der „Roten Wand" in den bayerischen Alpen gesammelt. Ebendort auch *Ot. foraminosus* Boh.

Pogonochaerus Perroudi Muls., bisher nur aus Südfrankreich bekannt, wurde von Herrn Dr. Schultheiss, prakt. Arzt in Betzenstein (Franken) während dessen heurigen Aufenthalts in Südtirol bei Bozen in einem Stück (⚲) gesammelt. Es gehört somit diese Art der deutschen Fauna an. Der Freundlichkeit des genannten Herrn verdanken wir die Vergleichung des einzigen Exemplars. Es unterscheidet sich von typischen *Perroudi* nur durch etwas bedeutendere Grösse und weniger stark erhabene Rippen auf den Flügeldecken, deren innerer Spitzenwinkel fast ebenso stark hervortritt wie der äussere. Diese letztere Abweichung ist indess auch bei zwei unserer Sammlungsstücke dieser Art aus dem Département Drôme zu beobachten.

Strangalia pubescens F. findet sich auch in Spanien (Cuenca, Castilien; Albarracin, Aragonien: Korb).

5. Zusätze und Berichtigungen zum „Catalogus Coleopterorum Europae et Caucasi". Editio IV.:

Procrustes Chevrolati Chvr. kommt auch bei Achalzich im nördlichen Armenien vor (Korb). Belegstücke in unserer Sammlung.

Nebria Heegeri Dej. findet sich unter den Arten mit auf der Oberseite behaarten Tarsen eingereiht. Sie ist wegen oben vollkommen kahler Tarsen in unsere erste Gruppe als Verwandte der *Gyllenhali* zu stellen. (Vergl. Deutsche entomolog. Zeitschrift 1890 p. 140.)

Pogonochaerus griseus Pic wird als Varietät von *Perroudi* Muls. aufgeführt. Er gehört indessen unzweifelhaft wegen des Mangels der abstehenden Wimperhaare auf den Flügeldecken, wegen des Vorhandenseins eines deutlichen Basalhöckers zwischen Schulter und Schildchen, sowie wegen der auf den Flügeldecken längsgestellten (bei *Perroudi* quergestellten), schwarzen Haarbürsten zu *Caroli* Muls. Uns lag das Originalstück vor. Reichhaltigeres Material würde es vielleicht gestatten, diese Form als eigene Art abzutrennen.

Von *Leptura bitlisiensis* Chevr. kennen wir, wie bereits pag. 14 bemerkt wurde, ein ♂ ♀ aus Kasikoporan in Russisch-Armenien (Coll. v. Heyden', Coll. Staudinger).

Unter den Corrigenda ist die Richtigstellung des unbegreiflicherweise in den Catalog aufgenommenen Litteraturcitats für unsere Lepturen-Revision („Deutsche entomolog. Zeitschrift 1891") nachzutragen. Ebenda ist auch ein Druckfehler zu verbessern, statt *L. hirtula* Dan. soll stehen: *L. hirsuta* Dan.

www.ingramcontent.com/pod-product-compliance
Lightning Source LLC
Chambersburg PA
CBHW020244090426
42735CB00010B/1824